VOZES CONTEMPORÂNEAS

Blucher

VOZES CONTEMPORÂNEAS

O feminino em cena

Organizadoras

Gabriela Seben

Rafaela Degani

Vozes contemporâneas: o feminino em cena

Publisher Edgard Blücher
Editor Eduardo Blucher
Coordenação editorial Rafael Fulanetti
Coordenação de produção Ana Cristina Garcia
Preparação de texto Regiane Miyashiro
Diagramação Juliana Midori Horie
Revisão de texto Equipe editorial Blucher
Imagem de capa Andrea Miranda

Blucher

Rua Pedroso Alvarenga, 1245, 4º andar
04531-934 – São Paulo – SP – Brasil
Tel.: 55 11 3078-5366
contato@blucher.com.br
www.blucher.com.br

Segundo o Novo Acordo Ortográfico, conforme 6. ed. do *Vocabulário Ortográfico da Língua Portuguesa*, Academia Brasileira de Letras, julho de 2021.

Dados Internacionais de Catalogação na Publicação (CIP)
Heytor Diniz Teixeira, CRB-8/10570

Vozes contemporâneas : o feminino em cena / organizadoras Gabriela Seben, Rafaela Degani. – São Paulo : Blucher, 2025.

254 p.

Bibliografia
ISBN 978-85-212-2653-6 (Impresso)
ISBN 978-85-212-2651-2 (Eletrônico - Epub)
ISBN 978-85-212-2654-3 (Eletrônico - PDF)

1. Psicanálise. 2. Mulheres e psicanálise. 3. Distúrbios alimentares. 4. Aborto. 5. Maternidade. 6. Feminismo. 7. Clínica psicanalítica. I. Título. II. Série. III. Seben, Gabriela. IV. Degani, Rafaela.

CDU 159.964.2

Índice para catálogo sistemático:
1. Psicanálise CDU 159.964.2

Sobre as organizadoras

Rafaela Degani

Psicanalista, membro associado da Sociedade Brasileira de Psicanálise de Porto Alegre, membro pleno do Centro de Estudos Psicanalíticos de Porto Alegre. Organizadora e autora do livro *A analista grávida* (Artes e Ecos, 2020). Autora do romance *Menina em claro* (Patuá, 2022). Organizadora do livro *Uma questão de cor: decolonialidade e psicanálise* (Blucher, 2024).

Gabriela Seben

Psicanalista, membro associado da Constructo Instituição Psicanalítica e da Sociedade Brasileira de Psicanálise de Porto Alegre (SBPdePA). Mestre em Psicologia Clínica pela PUC-RS. Organizadora e autora do livro *A analista grávida* (Artes e Ecos, 2020). Dedica-se à clínica psicanalítica de adolescentes e adultos.

Sobre os autores

Berta Hoffmann Azevedo

Psicanalista. Membro efetivo e docente da Sociedade Brasileira de Psicanálise de São Paulo (SBPSP). Mestre em Psicologia Clínica pela Pontifícia Universidade Católica de São Paulo (PUC-SP). Cocoordenadora do módulo História da Escuta Psicanalítica do curso Introdução à Escuta Psicanalítica (DAC-SBPSP). Autora do livro *Crise pseudoepiléptica* (Coleção Clínica Psicanalítica), editora do *Jornal de Psicanálise* (SBPSP) entre 2021 e 2024 e atual editora da *Revista Brasileira de Psicanálise* (Febrapsi).

Camila Dutra dos Santos

Psicóloga. Psicanalista em formação. Membro provisório do Centro de Estudos Psicanalíticos de Porto Alegre (CEPdePA). Mestranda em Psicologia Social e Institucional na Universidade Federal do Rio Grande do Sul (UFRGS) e especialista em Saúde da Família e da Comunidade pelo Grupo Hospitalar Conceição.

Carolina da Silva Pereira

Psicanalista em formação no Centro de Estudos Psicanalíticos de Porto Alegre (CEPdePA). Professora universitária. Pesquisadora do campo das relações étnico-raciais e gênero. Doutoranda em Psicologia Social pela Universidade Federal do Rio Grande do Sul (UFRGS). Membro dos Grupos de Estudos "Egbé: Negritude, Clínica e Políticas do Comum" (UFRGS) e "NUPSEX – Núcleo de Pesquisa em Sexualidade e Relações de Gênero" (UFRGS).

Gizela Turkiewicz

Psiquiatra e psicanalista. Membro associado da Sociedade Brasileira de Psicanálise de São Paulo (SBPSP). Residência médica em psiquiatria pelo Instituto de Psiquiatria e mestrado em Ciências pela Faculdade de Medicina, ambos da Universidade de São Paulo (USP). Professora do Curso de Introdução à Escuta Psicanalítica da SBPSP. Codiretora de Cultura e Comunidade da SBPSP para o biênio 2025-26.

Helena Cunha Di Ciero

Graduada em Psicologia pela Pontifícia Universidade Católica de São Paulo (PUC-SP) e especialista em psicoterapia psicanalítica pela Universidade de São Paulo (USP). Psicanalista e membro efetivo da Sociedade Brasileira de Psicanálise de São Paulo (SBPSP). Docente do Instituto Durval Marcondes. Faz parte da comissão permanente de seleção de membros efetivos e da equipe da diretoria de cultura da SBPSP. Colunista da revista *Amarello* e autora de *O que enxerguei quando seus olhos ficaram opacos* e *Instantes de dentro*.

Ian Favero Nathasje

Médico pela Universidade Federal do Maranhão (UFMA). Psiquiatra pelo Grupo Hospitalar Conceição (GHC-RS). Psiquiatra da Infância e Adolescência pelo Hospital Psiquiátrico São Pedro (HPSP/SES-RS). Membro associado da Sociedade Brasileira de Psicanálise de Porto Alegre (SBPdePA-IPA). Mestrando no Programa de Pós-graduação Psicanálise Clínica e Cultura da Universidade Federal do Rio Grande do Sul (UFRGS).

Juliana Lang Lima

Psicanalista e escritora. Membro titular da Sociedade Brasileira de Psicanálise de Porto Alegre (SBPdePA) e membro pleno do Centro de Estudos Psicanalíticos de Porto Alegre (CEPdePA). Organizadora e autora de *A analista grávida* (Artes e Ecos, 2020). Autora de *Tempos maternos* (Artes e Ecos, 2022), *Transmissões do feminino* (Artes e Ecos, 2024) e *Dinheiro e psicanálise: manejos e tabus* (Zagodoni, 2025).

Luciana Saddi

Psicanalista e escritora. Membro efetivo e docente da Sociedade Brasileira de Psicanálise de São Paulo (SBPSP). Mestre em Psicologia pela Pontifícia Universidade Católica de São Paulo (PUC-SP). Foi Diretora de Cultura e Comunidade da SBPSP (2017/2020). Autora de *Educação para a morte* (Patuá) e coautora dos livros *Alcoolismo*, da série O que fazer?, e *Maconha: os diversos aspectos, da história ao uso* (ambos publicados pela Blucher). Fundadora do Grupo Corpo e Cultura. Coordenadora do Programa de Cinema e Psicanálise da Diretoria de Cultura e Comunidade da SBPSP, em parceria com o MIS e com a *Folha de S.Paulo*. Professora da Casa do Saber e do Instituto Espe.

Marina Pinto de Camargo

Psicóloga e psicanalista. Membro do Centro de Estudos Psicanalíticos de Porto Alegre. Especialista em Sexualidade Humana pela Universidade de São Paulo (USP). Dedica-se à clínica psicanalítica de adolescentes, adultos e casais. Autora e organizadora do livro *A analista grávida* (Artes e Ecos, 2020) e outros escritos.

Patrícia Porchat

Psicanalista. Professora do curso de Psicologia da Universidade Estadual Paulista Júlio de Mesquita Filho (UNESP/Bauru). Titular da "Chaire genre" 2022, oferecida pelo GIS Institut du Genre em parceria com a Université Paris Cité. Coordenadora do Programa de

Pós-graduação em Educação Sexual da UNESP/Araraquara. Pós-doutorado na Université Paris Diderot (atual Paris Cité). Doutora em Psicologia Clínica pelo IPUSP (2007). Líder do grupo de pesquisa "Psicanálise: Clínica, Teoria e Cultura" da UNESP, pesquisadora do Núcleo de Direitos Humanos e Saúde da População LGBT (NUDHES), do Departamento de Saúde Coletiva da Faculdade de Ciências Médicas da Santa Casa de São Paulo, e Vice-coordenadora do GT Psicologia e Estudos de Gênero da ANPEPP. Autora de livros e artigos sobre psicanálise e estudos de gênero.

Renally Xavier de Melo

Doutoranda em estudos psicanalíticos pela Universidade Federal de Minas Gerais (UFMG). Mestre em estudos culturais da Educação pela Universidade Federal da Paraíba (UFPB). Graduada e licenciada em Psicologia pela Universidade Estadual da Paraíba (UEPB). Pesquisadora do PSILACS (Psicanálise e Laço Social no Contemporâneo). Integrante do coletivo Ocupação psicanalítica. Coautora do livro *Relações raciais na escuta psicanalítica* (Zagodoni, 2022).

Silvia Leonor Alonso

Psicanalista. Membro do Departamento de Psicanálise do Instituto Sedes Sapientiae desde sua fundação. Professora do curso de Psicanálise do mesmo Instituto. Coordenadora do grupo de pesquisa "O feminino e o imaginário cultural contemporâneo" desde 1997. Autora dos livros *O tempo, a escuta, o feminino* (Casa do Psicólogo, 2011) e *Ressonâncias da clínica e da cultura* (Blucher, 2022). Coautora de *Histeria*, com Mario Pablo Fuks (3. ed. ampl., Artesã, 2023). Coorganizadora e autora dos livros *Figuras clínicas do feminino no mal-estar contemporâneo* (Escuta, 2000), *Interlocuções sobre o feminino na teoria, na clínica, na cultura* (Escuta, 2008), *Corpos, sexualidades, diversidade* (Escuta, 2015) e *Feminismos em trânsito* (Zagodoni, 2022), entre outros.

Simone Z. Heissler

Psicanalista. Membro efetivo do Centro de Estudos Psicanalíticos de Porto Alegre (CEPdePA). Mestra em Psicanálise pela Universidade Federal do Rio Grande do Sul (UFRGS). Atende crianças, adolescentes, pais/bebês e adultos. Organizadora e autora do livro *A analista grávida* (Artes e Ecos, 2020). Supervisora e coordenadora de seminários.

Tania Rivera

Ensaísta, psicanalista, curadora e Professora Titular da Universidade Federal Fluminense (UFF). Mestre e Doutora em Psicologia pela Université Catholique de Louvain, Bélgica. Graduada em Psicologia pela Universidade de Brasília (UnB). Pós-doutorado em Artes Visuais na Escola de Belas Artes (EBA-UFRJ) e na Universidad de San Martín, Argentina. Recebeu o prêmio Jabuti de Psicologia/Psicanálise (2014) com o livro *O avesso do imaginário: arte contemporânea e psicanálise* (Cosac Naify, 2013). Atuou como professora visitante no departamento d'Arts plastiques da Universidade Paris 8, Vincennes Saint-Denis. É autora de diversos livros, entre eles *Lugares do delírio: arte e expressão, loucura e política*, coeditado por N-1 e Sesc Edições.

Conteúdo

Prefácio

Silvia Leonor Alonso[1]

Diversas vozes, as das(dos) autoras(es) e as que elas(eles) retomam: de analisandas, poetas, escritoras, fotógrafas, pesquisadoras... Vozes múltiplas com as quais este livro vai desenhando *o feminino* na cena contemporânea.

Tema amplo e complexo, desde que Freud o chamou de "enigmático", o feminino não para de se escrever, produzir sentidos e criar figuras nos desdobramentos de sua complexidade.

Campo amplo, que inclui as mulheres, mas também o inominável; não só o sexo, mas também o gênero; não só o mundo pulsional,

1 Psicanalista. Membro do Departamento de Psicanálise do Instituto Sedes Sapientiae desde sua fundação. Professora do curso Psicanálise, do mesmo Instituto. Coordenadora do grupo de pesquisa "O feminino e o imaginário cultural contemporâneo" desde 1997. Autora dos livros *O tempo, a escuta, o feminino* (Casa do Psicólogo, 2011) e *Ressonâncias da clínica e da cultura* (Blucher, 2022). Coorganizadora e autora dos livros *Figuras clínicas do feminino no mal-estar contemporâneo* (Escuta, 2000), *Interlocuções sobre o feminino na teoria, na clínica, na cultura* (Escuta, 2008), *Corpos, sexualidades, diversidade* (Escuta, 2015) e *Feminismos em trânsito* (Zagodoni, 2022), entre outros.

mas também a alteridade, os discursos sociais e a ética e a estética da cultura do momento.

Ao longo do livro, o feminino é interrogado não para obter "uma resposta" – porque não tem uma essência –, mas para ir trazendo à luz os paradoxos, as permanências, as mudanças e a complexidade. Para atualizar as perspectivas de leitura, incluir vozes antes silenciadas, multiplicar saberes. O feminino vai sendo interrogado nos "entre" corpo/cultura, pulsão/alteridade, sujeito/mundo. Nas fronteiras, vozes diversas, saberes múltiplos; nos diálogos, psicanálise, feminismos, LGBTQIA+, teoria *queer*, movimentos negros. Abrindo fissuras nos sexismos e racismos. Questionando universalizações, fantasias generalizadas convertidas em realidades, em essências.

Esse mapeamento vai sendo feito a partir de duas perspectivas: do lado das mulheres e de suas experiências de vida e do lado dos que constroem discursos sobre elas.

Vamos um pouco à história. Reconhecemos um movimento pendular nas colocações de Freud sobre o feminino e os feminismos. Sabemos que a fundação da psicanálise e seu método abriram lugar para o feminino. A partir da escuta das histéricas, Freud foi construindo sua teoria, e, pela primeira vez, o feminino foi colocado no bojo da construção de uma disciplina. Criou um método que abria espaço para a fala e a escuta das mulheres que lhe pediam que as deixasse falar e contar seus sonhos e, a partir disso, reconheceu o erotismo presente em seus corpos e seus sintomas, numa época em que o imaginário sobre o feminino era esvaziado de erotismo, e denunciou o excesso de recalque na moral sexual da época, que recaía sobretudo nas mulheres. Também complexificou o conceito de sexualidade, separando o instinto da pulsão, reconhecendo a organização perversa polimorfa e desnodando sexualidade de genitalidade. Nos primeiros tempos, acusou os abusadores de causarem as neuroses, mas voltou atrás, encobrindo a realidade do abuso com as fantasias, o que fez com que acabasse sendo conivente com as violências que os homens e os médicos exerciam do lugar de poder que tinham na organização social patriarcal. Ao diferenciar os caminhos da construção da sexualidade em homens e mulheres, Freud adotou uma posição falocêntrica, essencializou as diferenças masculino-feminino e deixou a mulher totalmente colada no lugar de mãe, supostamente com pouca possibilidade sublimatória. Em relação aos feminismos, quando a onda sufragista tinha uma presença importante na Europa, citou várias vezes o movimento, manifestando-se contra as reivindicações de igualdade entre os sexos, ao mesmo tempo que afirmou: "A masculinidade e a feminidade pura são construções teóricas de conteúdo incerto".

O feminino vai alargando seu espaço no próprio desenvolvimento freudiano e se desnodando do sexo biológico, para chegar a nomear, em outro momento da obra, o pulsional mais puro, o inominável fundante de qualquer sujeito, seja homem ou mulher.

Se a separação da sexualidade e do biológico já começa no pensamento freudiano, ela se acentua em alguns dos postulados de Lacan, mas em ambos persiste o movimento pendular no conjunto das colocações. Certamente essa separação se radicaliza com a introdução do conceito de gênero. Os estudos de gênero questionam as teorias essencialistas sobre os sexos e a naturalização dos corpos, permitindo que se comece a falar no feminino e no masculino no plural – feminilidades/masculinidades, sendo que estas mudam com a cultura. Fundamentalmente, esse conceito possibilita entender que as lógicas com que foram pensadas incluem relações hierárquicas e desiguais. Entendo que o mais importante da introdução desse operador seja, além de separar o feminino do biológico e incluir o plural feminilidades/masculinidades pela inserção da cultura, permitir pensar as relações entre *sexo*, *identidade* e *poder*. Em primeiro lugar, foram questionadas as relações desiguais homem/mulher; num segundo passo, as relações binárias, permitindo passar das diferenças à diversidade, e, em outro passo importante, a hierarquia entre heteronormatividade e outras formas de sexualidade, com a inclusão do LGBTQI+ e das teorias *queer*.

Ao longo dessa história, muitas psicanalistas feministas desenvolveram pensamentos importantes, e os estudos de gênero foram questionando pontos essenciais da teoria psicanalítica e levando a repensá-la.

Flashes dessa história aparecem em diferentes capítulos do livro, mas, chegando à cena contemporânea – território no qual autoras(es) tecem suas reflexões e interrogam o feminino –, mostram a complexidade do momento. Apesar dos muitos lugares já conquistados pelas mulheres, que permitem ver mudanças da cena contemporânea em relação ao momento fundante da psicanálise e à hegemonia da narrativa patriarcalista quase unânime na época vitoriana, ainda têm muita força a organização patriarcal e seus efeitos na vida das mulheres, na designação de lugares e nos discursos sobre o feminino.

Em vários capítulos, quebrando a cumplicidade com o pensamento patriarcalista, as(os) autoras(es) denunciam a violência masculina sobre o corpo das mulheres e a naturalização da "cultura do estupro", que considera aceitável a agressão dos homens e culpabiliza as mulheres. Nesse caminho, há reflexões interessantes a partir de experiências de vida das mulheres, mostrando o sofrimento dos corpos e das subjetividades. Assim, refletem: a transformação das meninas em mulheres, numa cultura de "Lolitas", olhares incestuosos e abusos frequentes, que somam as excitações que vêm do próprio corpo pelas mudanças do momento às excitações e tensões permanentes que vêm de fora e convertem essa transformação numa experiência traumática.

Da mesma forma, as situações de abuso ou assédio vividas numa cultura que culpabiliza as mulheres e seus desejos e outorga aos homens liberdade sem limites para atuar segundo seus desejos – e após o ato ainda impõem um silenciamento – viram uma realidade de excessos e, na impossibilidade de deixá-los fluir pela linguagem, uma realidade traumática.

Também há uma reflexão sobre a forma como, numa sociedade em que se criminaliza o aborto e não se oferece nenhum acolhimento na família nem no entorno em geral, converte-se o "acontecimento" – com efeito estruturante ou desestruturante – num trauma.

Vários capítulos trabalham também a violência *do peso dos ideais* que recaem sobre os corpos femininos e as experiências de vida. Assim, num contexto de extremo controle sobre os corpos, o ideal do "corpo perfeito", a "idealização da maternidade", a valorização da "juventude eterna" e da construção de um tipo único de família e de um único lugar para as mulheres provoca sintomas e esvazia de prazer certas experiências como a da alimentação ou converte a vivência da menopausa de um momento de reacomodação dos investimentos libidinais e de busca de outros caminhos para expressão dos desejos numa experiência só de perdas e grande sofrimento.

Em muitos capítulos, recolhem-se vozes-testemunhas de analisandas, fatos históricos e vozes de escritoras e se as torna públicas, num gesto de denúncia e num movimento para resgatar as mulheres do silêncio, da submissão a violências socioculturais e do lugar de sofrimento. Mais uma vez nesta longa história de lutas, autorizam-nas a "criar além de gestar"; a se apropriar de seu corpo e de seus desejos e reconhecer-se e ser reconhecidas como sujeitos políticos. Em suma, subtraem do pensamento a dicotomia natureza/cultura, bem como as associações mulheres/natureza e homens/cultura.

Em outros capítulos, a clínica com não binários suscita reflexões sobre o feminino em corpos diferentes, quebrando a cumplicidade com a organização social heteronormativa e produzindo uma teoria que inclui corpos até agora excluídos, criando ampliações no simbólico e no epistemológico. Mostrando uma psicanálise que se reformula na conversa com outros saberes e uma clínica que se repensa a partir da escuta das subjetividades de seu tempo.

Em mais uma ampliação do campo, a escrita reconhece o feminino na diversidade de corpos, uma vez que *mulher* deixou de ser um termo que designa um "universal", e numa nova torção começa a pensar na interseccionalidade e busca novos sentidos, agora no campo da raça, se fazendo perguntas como: qual é a relação entre diferença sexual e racial?

O reconhecimento de como o social *coloniza* as subjetividades e os pensamentos criando-lhes identidades e, junto a isso, hierarquias e lugares fixos de dominação, insiste em muitos dos capítulos, mas é num específico que testemunhamos a forma como o pensamento colonial imprime sua marca com força. Partindo da pergunta "e eu não sou uma mãe?", as autoras mostram imagens da mulher negra construídas e fixadas na cultura brasileira, alinhadas a uma posição social marcada por "relações de dominação, servidão e falta de reconhecimento" que legitimam as desigualdades, e apresentam os trabalhos que produzem um "giro decolonial", fazendo nascer figuras mais autênticas, feitas pelo trabalho de pensamento, como é o caso da releitura de Lélia González (1984) sobre a figura da "mãe preta", ou pela reconstituição artística, no redesenho de figuras da artista Rosana Paulino.

Diria que a recuperação da *singularidade* como caminho central da clínica psicanalítica mas também da construção de saber, é a resposta fundamental que as reflexões do livro vão trazendo ao interrogar o feminino na cena atual e na psicanálise deste momento. Singularidade no reconhecimento da "construção do gênero", de desfazer os "universais", refazer imagens na "autodefinição", atribuir um sentido singular aos "acontecimentos" e às experiências de vida, "piratear" o gênero e reconhecer "soluções" singulares para a sexualidade na história dos corpos e da cultura. Feminino recuperado no caminho de "corpo, pulsão, gozo, amor, alteridade".

Boa leitura!

1. A garganta de Irma não é horrível (há outra coisa no sonho de Freud)

Tania Rivera

> *O que você diria ... se eu lhe contasse que toda a minha novíssima pré-história da histeria já era conhecida e foi publicada mais de cem vezes, embora há muitos séculos? Você se lembra de que eu sempre disse que a teoria medieval da possessão, sustentada pelos tribunais eclesiásticos, era idêntica à nossa teoria de um corpo estranho e da divisão da consciência?* Mas por que será que o demônio que se apossava das pobrezinhas invariavelmente abusava delas sexualmente, e de maneira repugnante? Por que é que as confissões delas, mediante tortura, são tão semelhantes às confissões feitas por meus pacientes em tratamento psíquico?
>
> (Freud em carta a Fliess de 17 de janeiro de 1897; grifos nossos)

Em fevereiro de 1895, uma paciente de Freud, Emma Eckstein, teve o nariz operado pelo melhor amigo de seu psicanalista, Wilhelm Fliess. Fliess morava em Berlim, interessava-se muito pela sexualidade – inclusive a infantil –, postulava a bissexualidade como condição universal, buscava estabelecer matematicamente ciclos que regeriam os processos orgânicos em geral, à maneira do ciclo menstrual na mulher, e acreditava piamente em uma conexão causal entre o nariz e outros órgãos, como o estômago, o coração e os órgãos genitais. Para ele, "pontos genitais" situados no nariz chegariam a influir sobre a menstruação e o parto, além de condicionarem o que propõe chamar "neurose de reflexo nasal". O médico gozava de certo reconhecimento em seu meio e tais conjecturas não pareciam tão absurdas à época, apesar de poucos anos depois terem começado a encontrar firme resistência por parte de colegas. Freud nutria por ele uma intensa relação de amizade que costuma ser vista como uma espécie de transferência, com importante impacto em sua autoanálise e na construção dos alicerces da psicanálise.

Freud considerava sintomas histéricos as compulsões, as dores de estômago e a dismenorreia das quais Emma sofria, mas mesmo assim pediu a Fliess que a examinasse e, assim, abriu caminho para que este recomendasse uma intervenção nasal de maior porte e que até então provavelmente nunca havia feito, segundo Masson[1] (1984, p. 44): a remoção parcial de um dos ossos turbinados (ou conchas) nasais – segundo Max Schur, tratava-se mais especificamente da remoção do osso corneto (1981, p. 99). Como explicitaria o próprio Fliess, em livro de 1902, tal procedimento seria capaz de curar dores de estômago e hemorragias uterinas – tanto as "funcionais" quanto aquelas que, segundo ele, seriam causadas pela prática da masturbação (*apud* Masson, 1984, p. 42). Sua teoria implica, com efeito, uma lógica tão perfeitamente circular quanto absurda: quando frequente, a masturbação levaria a uma modificação anatômica do osso turbinado esquerdo médio, portanto, removê-lo inteiramente ou em parte resultaria na cessação de tal prática e, em consequência, na melhora dos sintomas a ela ligados.

Nos meses anteriores à cirurgia, Freud mostrava-se alinhado à Fliess quanto à importância do onanismo em alguns quadros e chegara a relatar casos de melancolia e neurastenia que estariam

1 Esta e as demais citações em língua estrangeira foram traduzidas por mim.

diretamente ligados a tal prática, mas, na época da operação, ele já tinha uma clara e bem distinta teoria etiológica para a histeria. Seu Rascunho H, enviado a Fliess dias antes da intervenção, traz o esquema que persistirá ao longo de toda sua obra: nessa psiconeurose de defesa, o conteúdo de uma ideia incompatível com o ego seria retido e afastado da consciência, enquanto o afeto a ela ligado seria levado à "conversão para a esfera somática" (Masson, 1986, p. 112 [Freud em carta a Fliess de 24 de janeiro de 1895]). Portanto, é surpreendente que, apesar de tudo, pareça acreditar na teoria e no método de Fliess, naquele momento, a ponto de entregar sua paciente a uma intervenção desse tipo. Na verdade, Freud chega a expressar dúvidas a esse respeito, na mesma carta, contando evitar submeter-se a um "auto-exame" para "determinar que direito tenho de esperar tanto dela" e recorrendo a sua suposta falta de "conhecimentos médicos", para logo concluir que "não ousaria inventar sozinho esse plano de tratamento, mas nele me alio confiantemente a você" (Masson, 1986, p. 108).

O pós-operatório dessa moça de 30 anos é assustador: ela sente dores que só cedem com morfina, apresenta secreção purulenta e chega a ter um episódio de "hemorragia maciça, provavelmente depois de ter expelido uma lasca de osso" (Masson, 1986, p. 114). Em carta de 4 de março de 1895, Freud conta ao amigo que o inchaço e a dor de Emma haviam aumentado e havia pedido ajuda a outro colega, Robert Gersuny, que conseguira, com muita dificuldade, inserir-lhe um dreno no nariz (Masson, 1986, p. 114).

Ao relatar a Fliess o inchaço persistente apresentado por Eckstein desde a operação, Freud emprega uma expressão cômica comum em alemão e diz que estaria "subindo e descendo como uma avalanche" (Masson, 1986, p. 114). Ele parece tentar atenuar o teor acusatório que tais relatos não podiam deixar de carregar, e que se torna ainda mais difícil de disfarçar na carta seguinte, de 8 de março, que narra uma cena aterradora. Dois dias após a inserção do dreno, Emma havia tido um sangramento abundante acompanhado de dores e forte odor fétido. Gersuny não estava disponível e Freud recorreu a outro companheiro, de nome Ignaz Rosanes. Ao limpar "a abertura" e retirar alguns coágulos que haviam permanecido agarrados, este encontra algo que parece um fio de linha e o vai extraindo por algum tempo: era mais de meio metro de gaze esquecida por Fliess no corpo da paciente. Logo sobrevém uma torrente de sangue. "A paciente empalideceu, seus olhos saltaram e não se conseguia sentir-lhe o pulso", relata Freud (Masson, 1986, p. 118 [Freud em carta a Fliess de 8 de março de 1895]). Ele se recrimina por não ter interrompido a retirada e conduzido a paciente a um hospital no qual o procedimento contaria com a segurança necessária, mas tudo teria se dado antes que ele e Rosanes tivessem "tempo de pensar". A hemorragia cessa após o cirurgião encher a cavidade com nova gaze iodoforme. "Durou meio minuto", prossegue Freud, "mas foi o bastante para deixar a pobre criatura, que já então havíamos deitado, irreconhecível" (Masson, 1986, p. 118).

No instante em que tudo se revelou e ele foi "confrontado com a visão da paciente", Freud teve náuseas. Logo fugiu para o cômodo ao lado, bebeu um copo d'água e sentiu-se "péssimo". Apareceu então uma mulher — "a corajosa *Frau Doktor*", diz Freud; tratava-se provavelmente de uma irmã da paciente – e lhe serviu um pequeno copo de conhaque que o fez voltar "a ser eu mesmo" (Masson, 1986, p. 118). O desfecho da cena é prodigioso e aponta claramente as questões de gênero que ela evoca: quando retorna à sala, "um tanto abalado", Emma lhe diz, zombeteira: "Então, esse é que é o sexo forte!" (Masson, 1986, p. 118). O comentário não surpreende quando se sabe que Eckstein, que vinha de uma importante família de socialistas, veio a ter papel ativo no feminismo de Viena, tendo publicado textos em uma revista do movimento a partir de 1899.

***

Por que começo este ensaio relembrando rapidamente a história de Emma Eckstein? Porque a teoria não se faz com outra coisa senão aquilo que se vive. Porque a psicanálise não é um conjunto de conceitos a que Freud chegou *graças* ao que sua experiência clínica – e sua autoanálise – apontaram como traços que poderiam ser generalizados como universais, mas sim um emaranhado de elaborações geradas por acontecimentos clínicos e que vão gerando acontecimentos teóricos, por assim dizer. Porque a história dessa disciplina performa os conflitos e a censura – e o prazer e o sofrimento; em suma, o gozo – de que se trata nas psiconeuroses que Freud tenta desvendar (afinal, não será tal performatividade o que aponta com vigor o principal conceito clínico, aquele de *transferência*?). Porque, em vez de transformar em um escândalo a história de uma mulher chamada Emma e fazer acusações estridentes a Freud e/ou à psicanálise, me interessa contar *histórias da psicanálise* que são tramadas por textos, conceitos e notícias da vida, e fazê-lo de maneira assumidamente pessoal, ainda que rigorosamente conectada com as fontes que as transmitem. E, fundamentalmente, porque ao voltar aos textos freudianos, hoje, com tal programa em mente, surpreende-me a firme e evidente urdidura na qual encontro inscrita uma violência-crueldade fundamental marcando lugares de gênero: "menina" e "menino", "homem" e "mulher". Ao seguir literalmente tais textos, de fato, foi-se ancorando em mim a convicção de que tal recorte binário se dá por diferentes cenas, todas elas marcadas por uma violência que, por ser fundamental, não pode ser rapidamente silenciada como incidência da linguagem sobre o corpo (como costumamos pensar, a partir do ensino de Lacan), senão por meio de uma denegação patente do próprio texto freudiano.

Esse ponto nodal de que a história do tratamento de Emma (e sua subtração da História oficial) nos traz uma narrativa "originária", digamos, incide não apenas sobre a chamada "teoria da sedução", mas sobre praticamente toda a trama freudiana, percebo agora. Com Emma e a partir dela, vou então tentando ajustar meu olhar (ou talvez, deixando-me desajustar por ele) para inaugurar outra perspectiva (talvez mais conectada com a Outra Cena). Não é fácil. Sigo com desconforto o "caso" Emma e leio Freud, na carta de 13 de março de 1985, contar a Fliess que Eckstein passa bem e afirmar que uma coisa que realmente "fala em favor dela [*spricht doch für sie*][2]" seria "não ter mudado de atitude perante nenhum de nós". Ela "reverencia sua memória" para além "do acidente indesejado", afirma (Masson, 1986, p. 120).

Em acréscimos feitos à mesma carta nos dias posteriores, Freud comenta que Eckstein estaria apresentando acessos histéricos e outros sintomas ligados ao "incidente", e que neles ele precisaria "começar a trabalhar" (Masson, 1986, p. 121). A ideia de que sintomas seriam gerados por tal episódio mostra que o psicanalista estava advertido do alcance traumático deste, ou seja, das consequências subjetivas advindas de uma situação de indubitável violência. Além disso, o manejo clínico apresenta aqui uma nuance interessante: após atuar concretamente como um dos causadores de uma situação traumática, talvez o empenho e a dedicação do psicanalista em cuidar de suas consequências tivessem um alcance reparatório. Pode-se cogitar que este fator também possa ter algum papel para a não culpabilização de Fliess e Freud por parte de Emma.

Mais alguns dias se passam e Freud conta ao amigo que a paciente havia voltado não só a sentir dores e apresentar inchaço, como a apresentar hemorragias que quase a levaram à morte. Ele mais uma vez recorre aos colegas cirurgiões e estes tomam a decisão de fazer nela novo procedimento (uma incisão) para tentar localizar a fonte do sangramento. Após exame, contudo, decidem que isso não será necessário. "Ela foi poupada de qualquer desfiguração", comemora o psicanalista – o depoimento de uma sobrinha a Jeoffrey Masson

---

2 Trecho original extraído do manuscrito de Freud disponível no acervo digitalizado da Biblioteca do Congresso. Disponível em: https://www.loc.gov/co llections/sigmund-freud-papers/about-this-collection/ Acesso em: agosto de 2024.

o contradiz, porém, atestando que o rosto de Emma acabou ficando permanentemente marcado, com o osso do nariz cavado de um lado (Masson, 1984, p. 41). No dia 28 de março, em nova carta, Freud conta que ela estava passando "toleravelmente bem", mas "naturalmente, está iniciando uma nova produção de histerias decorrentes desse período passado, que são dissolvidas por mim" (Masson, 1986, p. 123). Reitera, nessa ocasião, que Emma não os culpa de nada e se refere a Fliess com "grande respeito" (Masson, 1986, p. 124).

Porém, dias mais tarde, ela volta a apresentar abundantes sangramentos e Freud chega a afirmar, sombrio, que seu caso "se encaminha rapidamente para um mau desfecho" (Masson, 1986, p, 124). Rosanes reexamina a cavidade nasal e emite (por fim!) a hipótese de uma imperícia de Fliess estar na origem de tal evolução – o que Freud só menciona de passagem e sem entrar em detalhes, ao comentar que outro colega, de nome Weil, teria emitido a hipótese de que um vaso grande poderia teria sido atingido durante a intervenção. "Não sabemos o que fazer", declara Freud, antes de acrescentar que fica "realmente abalado ao pensar que um desastre desses tenha decorrido de uma operação supostamente inócua" (Masson, 1986, p. 125 [Freud em carta a Fliess de 11 de abril de 1895]).

Eckstein se recuperará e em seguida começará a atender, ela mesma, pacientes usando o método freudiano – o que faz dela não só a primeira mulher psicanalista, como a primeira pessoa a se colocar no lugar de discípula de Freud. Ela não consta, contudo, na história oficial da disciplina que o próprio Freud se encarregará de escrever em 1914 (Freud, 1914/1974) e jamais terá seu papel publicamente reconhecido por ele. As menções a ela serão censuradas e subtraídas da primeira edição das cartas de Freud a Fliess, de 1954, por um gesto de Anna Freud que perpetua a denegação de seu lugar na criação da psicanálise, reservando-lhe o mero papel de objeto de um incidente em uma cena privada entre dois amigos. Ela não deixara de se inscrever, contudo, ainda que distorcida e jamais mencionada nominalmente, no sonho inaugural da psicanálise, por meio da figura que Freud denomina Irma.

***

Antes, porém, preciso contar que, neste ponto de minha investigação sobre os acontecimentos clínicos que originaram a psicanálise, me deparei com um dado espantoso e muito bem embasado, no livro *The cut and the building of psychoanalysis: Sigmund Freud and Emma Eckstein*, publicado em 2015 pelo psicanalista ferencziano italiano Carlo Bonomi. Ele chama a atenção para o fato de que, em 1872, o ginecologista Alfred Hegar inventara uma técnica de remoção dos ovários que seria largamente empregada a partir de 1885 para tratar neuroses. A tese que a sustenta é a de que tais órgãos teriam uma forma patológica devido a uma suposta degeneração biológica, mas tal característica não será tomada como um critério diagnóstico preciso nem como condição para a realização da cirurgia, à qual a literatura da época se refere como "castração". Segundo Bonomi, esse termo se referia "quase exclusivamente ao tratamento cirúrgico de distúrbios nervosos, físicos e 'imorais' nas mulheres (ninfomania, por exemplo)" (Bonomi, 2015, p. 17).

O contexto médico (e cultural, claro) no qual surge tal procedimento era marcado pela noção de "neurose reflexa", baseada na descoberta do "arco reflexo" e proposta por Moritz Romberg em 1851 na explicação da causa da histeria pela "irritação dos órgãos genitais que propagaria através dos gânglios abdominais" provocando sintomas como convulsões e paralisias, entre outros (Stärcke *apud* Bonomi, 2015, p. 21). Vê-se que a concepção da histeria como movimentação do útero pelo corpo cunhada na Antiguidade continuava alimentando a imaginação médica. Em 1877, um médico de nome Jolly apontava tanto a abstinência quanto a superestimulação sexual como importantes causas de doenças. Tais propostas logo teriam por consequência que o corpo feminino fosse invadido por atos cruentos perpetrados em órgãos saudáveis.

A repressão da masturbação, especialmente, teria chegado na segunda metade do século XIX ao nível de uma campanha médica cuja principal característica seria o "sadismo", como denunciava Spitz em texto de 1952 (Spitz *apud* Bonomi, 2015, p. 23), com técnicas como a amputação ou a escarificação do clitóris, tanto em mulheres adultas quanto meninas, a infibulação, ou seja, estreitamento da abertura da vagina por meio de pontos ou fechos, ou ainda a cauterização dos lábios vulvares ou circuncisão, também em casos de meninos ou homens. A teoria e a proposta cirúrgica de Fliess se inseriam em uma tradição recente porém consistente, como se vê.

Alguns médicos são críticos a tais métodos, como Conrad Rieger, que publica um livro em 1900 contra a castração feminina, clamando pela emancipação da psiquiatria de crenças arcaicas e superstições médicas. Joseph Breuer, informado por Robert Gersuny dos abusos e perigos da castração feminina (segundo este cirurgião, além de muitas vezes os sintomas reaparecerem pouco depois do procedimento, este com frequência levaria à eclosão de uma psicose), chegaria a qualificá-la de "escândalo ginecológico" (Bonomi, 2015 p. 68). A excisão do clitóris de mulheres jovens foi particularmente objeto de indignação, apesar de sua prática não ter desaparecido completamente e Marie Bonaparte, princesa e psicanalista, ter sido dela objeto nos anos 1920, buscando chegar mais facilmente ao orgasmo vaginal.

É impressionante que Freud nunca mencione tal contexto, seja em textos teóricos ou sobre a história da psicanálise, apesar de ter estudado e trabalhado em uma clínica para tratamento neurológico de crianças em Berlim, em 1885, com Adolf Baginsky – que sublinhava, significativamente, o papel da sedução de adultos no despertar da masturbação infantil e era muito provavelmente a favor dos métodos mutiladores em voga, ainda segundo Bonomi. Além disso, o ginecologista Chroback, que conhecemos por Freud como aquele que lhe teria confiado a prescrição "*penis normalis dosum repetatur*" (Freud, 1914/1974, p. 9), chegou a operar 146 pacientes. A mais direta implicação da carreira de Freud com esse tema se dá a respeito de uma paciente histérica, Nina R., que teria sido internada por ele e Breuer no sanatório de Belle Vue e ali teria recebido, em 1894, a indicação de castração. Não se sabe se ela chegou a ser operada, apesar de Breuer ter enviado uma carta ao diretor da instituição, Robert Binswanger (filho do famoso Ludwig Binswanger) na qual se opunha terminantemente a tal decisão.

De fato, é impossível que Freud não estivesse a par de tal prática, que Bonomi chega a considerar a "realidade material" da castração, silenciada pelo pai da psicanálise e sistematicamente denegada por seus seguidores, que seguiriam "fantasiando incessantemente" e exclusivamente sobre sua "realidade psíquica" (Bonomi, 2015, p. 38). Outra prova de que Freud não deixava de lidar com situações vinculadas às práticas mutiladoras em voga seria, para o psicanalista italiano, a menção à "cena de circuncisão de uma menina" que ele teria "conseguido" de Emma Eckstein, justamente. A carta a Fliess de 24 de janeiro de 1897 alude a uma suposta hemofilia da paciente como causa de seus sangramentos:

> *Imagine só, consegui uma cena sobre a circuncisão de uma menina! O corte de um pedaço dos pequenos lábios (que é ainda menor hoje) e a sucção do sangue, após o que deu-se à menina um pedacinho de pele para comer. Essa menina, aos 13 anos, afirmou certa vez que seria capaz de engolir uma parte da minhoca, e pôs-se a fazê-lo. Uma operação feita por você em certa ocasião foi afetada por uma hemofilia que se originou desta maneira.*
>
> *As ações perversas, além disso, são sempre as mesmas – significativa e moldadas segundo um padrão que um dia será compreendido. Estou sonhando, portanto, com uma religião demoníaca primitiva, com ritos praticados em segredo,* e compreendo a terapia rigorosa aplicada pelos

> juízes das bruxas. *Os elos de ligação são abundantes. (Masson, 1986, p. 228, grifos meus)*

Para Bonomi, tal trecho se referiria a uma operação efetivamente sofrida por Emma Eckstein na infância. Isso me parece dificilmente defensável, dada a presença da sucção do sangue e da ingestão de pele na narrativa e o tempo decorrido na análise até que Freud "conseguisse" o relato de um evento que deveria ser parte da anamnese da paciente. Além disso e sobretudo, a hipótese me parece forçada porque a noção de "cena" vincula-se nessa época a uma articulação freudiana muito complexa entre fantasias e acontecimentos, além de ressoar a temporalidade retroativa do trauma descoberta com a mesma paciente – e exposta no "Projeto para uma psicologia científica" (Freud, 1895/1996) na menção à cena na qual come parte de uma minhoca, aos 13 anos. O mais provável é que a primeira cena tenha consistido em um sonho de Emma – nem por isso ela deixa de ressoar e veicular, contudo, a presença da prática médica da qual ela estava muito provavelmente inteirada.

Uma violenta ação sobre o corpo "feminino" (ou melhor, sua feminização, por tal ação, justamente) enlaça-se assim ao significante "castração" na cena armada pelo mais importante sonho de Freud: o sonho da injeção de Irma.

***

Poucos meses após a cirurgia de Eckstein, em 24 de julho de 1895, o psicanalista sonha com uma mulher que se encontrava entre os convidados de uma festa dada por ele na casa em Bellevue na qual passa férias com sua família (e que curiosamente ecoa o nome do sanatório no qual sua paciente teria recebido a indicação do procedimento de castração). Ele a chama à parte para "de certa forma, responder sua carta e lhe fazer censuras por ainda não ter aceitado a 'solução'". "Se você ainda sente dores, é por sua própria culpa", diz ele (Freud, 1900/2017, p. 127). Ela responde que sente fortes dores na garganta, no estômago e no abdome, além de sufocações. Freud percebe que apresenta palidez e inchaço e pensa que poderia estar desconsiderando uma doença orgânica. Leva-a então à janela para lhe examinar a garganta. Ela mostra alguma "resistência" a abrir a boca, como fariam "as mulheres que usam dentadura", e ele pensa que ela não precisaria agir assim. O prosseguimento do relato do sonho é famoso:

> *Mas a boca se abre com facilidade, e à direita encontro uma grande mancha branca, e noutra parte, sobre estranhas estruturas curvas que imitam de maneira evidente os cornetos nasais, vejo amplas crostas cinza-esbranquiçadas. – Chamo depressa o dr. M., que repete o exame e o confirma... (Freud, 1900/2017, p. 128)*

Lacan se pergunta como pôde Freud não despertar diante de tal terrível espetáculo, nessa imagem na qual tudo se misturaria: "da boca ao órgão sexual, e passando pelo nariz". Para ele se trataria de uma descoberta horrível, da "carne que nunca se vê, o fundo das coisas, o avesso da face", das secreções, da carne da qual tudo sairia, da carne que sofre, informe, da qual "a forma por ela mesma é algo que provoca angústia" (Lacan, 1978, p. 186, tradução nossa neste e nos demais trechos em língua estrangeira). Como pôde Freud seguir sonhando depois disso, pergunta-se Lacan, e ecoa Erickson para responder que ele seria "um durão" (Lacan, 1978, p. 186). É digno de nota que o ato de ordenar que se abra um corpo de mulher e, apesar da resistência desta, nele inserir seu olhar em busca de alguma revelação, apareça assim vinculado a espécie de prova de masculinidade. Uma detida leitura do texto freudiano mostra, contudo, que não há qualquer indicação de que o que se vê na garganta de Irma seja assustador ou angustiante.

Parece mais fiel ao texto de Freud sublinhar, antes, o fato de que tal ato incite, no sonho, o apelo a um médico que seria uma autoridade no meio de Freud, o dr. M., e logo outros personagens – todos homens, todos colegas de medicina – apareçam na cena para examinar tal corpo e fornecer-lhe alguma "solução" (*Lösung*, em alemão, que como a termo português pode ter tanto o sentido químico quanto o de resolução de um problema). Eles trazem diagnósticos e ideias absurdas e mais parecem bufões a tentar demonstrar, de modo satírico, um saber derrisório – o que Freud associa a uma ridicularização dos colegas que ignoravam os mecanismos e a etiologia da histeria. Há que se ressaltar nisso o lugar complementar dado a ele próprio, ou seja, o asseguramento de seu saber, em comparação com os demais homens do sonho – inclusive o dr. M., cuja aparência impressiona o sonhador: "Ele está bastante pálido, manca, está sem barba no queixo...". Falta-lhe algo – a barba – além de parecer doente ou envelhecido (Freud, 1900/2017, p. 128).

Os outros colegas – Otto e Leopold – também estão à volta de Irma e o segundo "a percute sobre o corpete" para logo sentenciar que ela tem "uma região surda embaixo, à esquerda" e também que "uma parte da pele do ombro esquerdo" estaria "infiltrada" – o que seria uma declaração estranha em termos médicos, nota Freud. Mas é a frase que vem logo em seguida, entre parênteses, que nos interessa particularmente: "o que, assim como ele, também sinto, apesar do vestido". Seu sentido pareceria ser "o percebo, assim como ele, Leopold", ainda que a roupa atrapalhe tal exame. Mas as associações de Freud levam para outro lado: "Sinto em meu próprio corpo, entenda-se", diz ele (Freud, 1900/2017, p. 134). É surpreendente que ele de repente se ponha assim no lugar da mulher que examina. Quanto ao trecho "apesar do vestido", ele menciona rapidamente que, em um serviço no qual trabalhou, examinava as crianças despidas e recorda-se de um clínico importante que se gabaria de examinar pacientes através das suas roupas, para logo declarar: "O resto é obscuro para mim; falando francamente, não tenho nenhuma inclinação a me aprofundar neste ponto" (Freud, 1900/2017, p. 135). Aqui, a argumentação de Bonomi nos ajuda a desconfiar de uma menção velada às mutilações então em voga.

As associações do sonhador a respeito da mulher não incluem o relato da operação de Emma e suas consequências, apesar de todos os pontos da interpretação minuciosamente construída por Freud levarem ao desejo de ser inocentado de possíveis falhas profissionais. Compreende-se que não queira tornar público tal evento, mas não é sem importância que justo tal interpretação, tão marcada por uma censura consciente, seja alçada a nada menos do que o axioma central que funda a psicanálise: a postulação de que o sonho (e as demais formações inconscientes) é uma realização de desejo. Tampouco é inócuo que o desejo em jogo seja o de livrar-se da culpa, ou seja, ser inocentado, como se em tal encenação se tratasse, em última instância, de uma espécie de tribunal, ou seja, de um apelo à justiça no qual podemos ver uma espécie de endereçamento ao grande Outro.

A frase proferida no início do sonho e que o psicanalista nota que poderia ter dito, ou de fato disse a Emma – "Se você ainda sente dores, é por sua própria culpa" – mostra que, nesse endereçamento, trata-se de culpar a mulher de modo a livrar-se da própria culpa. Freud o formula claramente, de resto, quando escreve: "sobretudo, eu não quero ser culpado pelas dores que ela ainda sente. Se a própria Irma é a culpada, então a culpa não pode ser minha" (Freud, 1900/2017, p. 130). Além disso, ele retoma tal mecanismo em termos de "vingança", e o faz juntando Emma e o dr. M. (e o lugar mesmo de uma autoridade masculina, podemos pensar) em um mesmo gesto:

> *Nesse sonho, portanto, já me vinguei de duas pessoas; de Irma, dizendo-lhe que se ela ainda tem dores a culpa é dela, e do dr. M., ao colocar em sua boca as absurdas palavras de consolo. (Freud, 1900/2017, p. 136)*

Freud refere-se ao que diz no sonho o dr. M., chamado a dar a palavra final sobre o caso. Este afirma que sem dúvida se trata de uma infecção, "mas sem importância" e profere a risível hipótese de que sobrevirá uma disenteria "e a toxina será eliminada" (Freud, 1900/2017, p. 128). Costuma-se identificar tal colega "mais velho e mais experiente" (Freud, 1900/2017, p. 133) a Joseph Breuer, que apoiara e mesmo apadrinhara Freud mas não concordava com sua "teoria sexual", mas é impossível não ver a figura de Fliess esgueirar-se nas associações quanto a este ponto, especialmente na pergunta "será que quero zombar da abundância de explicações pouco convincentes e de estranhas associações patológicas do dr. M?" (Freud, 1900/2017, p. 135). Pode-se supor que o autor evite fornecer elementos que levassem a tal identificação, uma vez que a ruptura com o grande amigo não se daria antes de 1904, e se limite a aludir a Fliess em rápida passagem que comentarei mais adiante. Para concluir as associações sobre o dr. M., vincula-o também a seu irmão mais velho, observando que o ponto de contato entre ambos seria dado por terem recentemente rejeitado suas sugestões, e o sonhador estar, portanto, com eles "indisposto" (Freud, 1900/2017, p. 133).

Não há dúvidas sobre Irma representar Eckstein. Antes de trazer o relato do sonho, Freud menciona no livro seu tratamento, de forma sumária e com o necessário cuidado de não nomeá-la, e o fato de na véspera ter tido notícias, por Otto, de que ela não estaria inteiramente boa. Ele ressalta, ainda, que na mesma noite teria redigido seu caso para apresentá-lo ao Dr. M., como para defender-se de qualquer crítica a respeito de sua condução. O tratamento teria sido parcialmente exitoso, conta ele no livro, levando à remissão da "angústia histérica", mas não de "todos os seus sintomas somáticos" (Freud, 1900/2017, p. 127). Sabemos, contudo, que parte de tais sintomas não era independente da operação nasal sofrida por ela, àquela altura, mas Freud prossegue dizendo que, na época, não estavam claros os critérios que marcariam o término de um tratamento de histeria e ele teria "exigido" da paciente "uma solução que não lhe pareceu aceitável" – e aqui ficamos sabendo que Emma não havia concordado, digamos, em lhe fornecer a cena última de abuso sexual que estaria na origem de sua afecção, aquela que estaria diretamente referida ao pai, provavelmente, e que não deixa de ressoar nas narrativas que aparecem posteriormente no "Projeto" e em outros pontos da correspondência com Fliess. O conteúdo manifesto do sonho traz literalmente censuras à paciente por "ainda não ter aceitado a 'solução'", como já citado, e imputa a ela a culpa por seguir apresentando sintomas. O que o sonho põe em cena, assim, é a literalização do desejo de Freud de que ela tivesse "aberto a boca", como reconhece o sonhador. O que ele cala, contudo, é a encenação concreta deste seu desejo como invasão da cavidade nasal de Emma, e da retirada de algo desta cavidade – um pedaço de osso – que ele havia agenciado, em parceria com outro homem, Fliess.

De fato, a cirurgia de Eckstein pulsa no sonho de maneira inequívoca e é uma espécie de ironia que justo ali onde Freud revela o grande "segredo" dos sonhos trate-se de segredar tal claramente um evento real – e suas associações a esse respeito, ao que tudo indica. Performa-se desse modo, na teoria como na vida do teórico, a *mise en abyme* característica da cena traumática: uma cena sempre esconde outra e nunca se esgota a construção narrativa a que ela dá ensejo, mas algo nessa série se subtrai, marcando um escândalo ou uma impossibilidade de dizê-lo. O próprio Freud o reconhece, de resto, especialmente no ponto em que detém suas associações sobre a frase "*a boca se abre facilmente*" e insere uma nota de rodapé:

> *Suspeito que a interpretação deste trecho não foi longe o bastante para seguir todo o sentido oculto. Se quisesse continuar a comparação entre as três mulheres, eu iria longe. – Todo sonho tem pelo menos um ponto em que*

> *é insondável, um umbigo, por assim dizer, que o liga ao desconhecido. (Freud, 1900/2017, p. 132)*

Antes de reconhecer aí uma insondável força do registro do Real lacaniano correspondente ao que do sexual não se deixaria simbolizar, como costuma ser praxe entre nós, e eventualmente ligar tal registro a alguma evidência veiculada por um corpo feminino (sua suposta castração ou a supostamente horrível imagem da garganta de Irma, informe e angustiante como dizia Lacan) ou ainda fazer disso um "enigma" no qual se encarna "o desconhecido", gostaria de propor que nos detenhamos e sigamos acompanhando literalmente o texto para sublinhar que se trata aí de uma série de mulheres, com a figura de Irma. Tal série inclui a própria esposa de Freud, ao lado de Eckstein e de uma amiga desta que, conforme se sabe, corresponde a Anna Hammerschlag Lichtheim. Esta última não era sua paciente, mas também parece apresentar sintomas histéricos e Freud a põe no lugar de Emma porque acredita que teria "aberto a boca" mais facilmente. Ela talvez despertasse "simpatias mais fortes em mim", diz ele, ou talvez ele tivesse "uma opinião mais elevada de sua inteligência" (Freud, 1900/2017, p. 132). Como elemento de ligação com sua esposa, por sua vez, ele menciona a palidez, o inchaço, as dores abdominais e os dentes postiços (ou "dentes *ruins*", corrige) que aparecem na figura de Irma, antes de dizer que ela tampouco é sua paciente e não gostaria que o fosse, "pois se envergonha diante de mim e não a considero uma paciente fácil" (Freud, 1900/2017, p. 132). O fato de Freud qualificar sua mulher como uma *paciente indócil* fala por si e dispensa comentários. Talvez não seja sem importância acrescentar aqui a observação de que Martha Freud encontrava-se, naquela altura, grávida de Anna – e isso não deixa de ressoar o ponto anatômico que alude à figura da mãe na famosa fórmula "um umbigo, por assim dizer, que o liga ao desconhecido". É curioso notar que a quinta filha de Freud teria recebido o nome Wilhelm, em deferência a Fliess, se fosse um menino, e recebe seu nome precisamente em homenagem a Irma/Anna Lichtheim, como contou um dia o psicanalista a Marie Bonaparte (Bonomi, 2015, p. 83).

Trata-se assim, em alguma medida, de uma cena conjugal, no sonho de Freud, e uma cena na qual, como ele reconhece em outra nota de rodapé, "não sou muito amável com Irma e com minha mulher" (Freud, 1900/2017, p. 132). Sugestivamente, tal cena se conclui com uma injeção – mais precisamente, com a narrativa de que a causa da infecção da mulher é uma injeção aplicada por Otto, que talvez também estivesse conectado a Fliess nas associações de Freud, pode-se supor. Otto teria presenteado a família Freud com um licor com forte cheiro de álcool amílico – ele teria hábito de dar muitos presentes, nota o autor, e insere o insólito comentário "tomara que um dia uma mulher o cure disso" (Freud, 1900/2017, p. 137). Freud considera a bebida venenosa e impede que sua mulher a ofereça aos empregados. Tal injeção envenenada toma o lugar de solução final e imediata do enigma de que trata o sonho e vem logo após a ridícula solução do dr. M. "Também sabemos de imediato a origem da infecção", escreve Freud. Ele prossegue:

> *Pouco tempo atrás, quando ela estava se sentindo mal, meu amigo Otto lhe aplicou uma "injeção de um preparado de propil, propileno... ácido propiônico... trimetilamina (cuja fórmula vejo em negrito diante de mim)... Não se fazem essas injeções tão levianamente... É provável que a seringa também não estivesse limpa. (Freud, 1900/2017, p. 128-129)*

Ação leviana, seringa suja e uma solução na qual está presente a trimetilamina, que consiste em um composto orgânico inflamável que apresenta forte odor (a peixe ou a amoníaco, dependendo de sua concentração). Encontro também na internet que essa substância se decompõe por combustão, produzindo vapores tóxicos. E que na vaginose bacteriana, ela é responsável por odor fétido, ao lado de outra aminas (sugestivamente chamadas putrescina e cadaverina), podendo ter tal efeito intensificado após o coito, devido à alcalinidade do sêmen. Outro sintoma de tal afecção, não posso deixar de notar, é corrimento vaginal de cor branca-acinzentada, assim como as crostas da garganta de Irma. Por fim, mas não de menor importância, devo mencionar que a trimetilamina está presente na composição do sêmen, contribuindo também para seu odor.

É interessante que o composto químico que alguém teria indevidamente injetado na paciente também apareça, antes de desembocar na trimetilamina, como uma série – "propil, propileno... ácido propiônico..." – ecoando talvez a sequência de homens que o sonho põe em cena. Freud destaca que a aparição da fórmula química da trimetilamina daria mostras de um esforço excepcional de sua memória, e que ela aparece "impressa em negrito, como se algo devesse ser destacado do contexto". É neste ponto que alude, por fim, a Fliess como um amigo com quem teria uma troca privilegiada há muitos anos e que lhe teria dito certa vez que "acreditava reconhecer na trimetilamina um dos produtos do metabolismo sexual" (Freud, 1900/2017, p. 138). A substância leva claramente à sexualidade, ou seja, "àquele fator ao qual atribuo a maior importância para a origem das afecções nervosas que pretendo curar" (Freud, 1900/2017, p. 138). Freud menciona então o fato de Irma ser uma jovem viúva (o que era o caso de Eckstein e também de Anna Lichtheim), e acrescenta: "se me empenho em me desculpar pelo fracasso de seu tratamento, o melhor que posso fazer é invocar tal fato, que meus amigos bem gostariam de mudar" (Freud, 1900/2017, p. 138). A alusão aqui é à ideia de que a falta de coito estaria ligada ao surgimento da histeria, que circulava na época com a famosa fórmula em latim que Freud atribui a Chroback, "*penis normalis dosum repetatur*", como citado anteriormente (Freud, 1914/1974, p. 9).

Em seguida, Freud observa que Fliess é um "grande conhecedor dos efeitos das afecções do nariz e de suas cavidades secundárias" e teria revelado "relações altamente notáveis entre os cornetos nasais e os órgãos sexuais femininos", conectando a isso as estruturas curvas que aparecem na garganta de Irma (Freud, 1900/2017, p. 138). Não parece sem importância que se passe diretamente da suposta falta de coito de Emma às hipóteses de Fliess, como se a censurada cirurgia viesse justamente responder a isso. Freud revela ainda nesse ponto, sempre evitando mencionar a operação, que havia pedido ao amigo que examinasse Irma para "verificar se suas dores de estômago teriam origem nasal" (Freud, 1900/2017, p. 138).

O sonho condensa e imbrica indissociavelmente, assim, a cirurgia de Eckstein à hipótese da etiologia da histeria consistir em um ataque sexual. Trata-se de desculpar Freud – e culpar a própria mulher, e/ou outro homem – não apenas por suas falhas médicas, mas especificamente por tal ataque. Deve-se destacar, porém, que o que o sonho põe em cena é uma verdadeira dissecação da situação mais ampla implicada em tal ataque. O primeiro fator que nela se nota é a colaboração ou conluio entre alguns homens – alguns colegas, mas também um homem em posição de ascendência e poder sobre eles. O segundo, que eles se unem em torno de um corpo de mulher tratando de tentar solucionar um enigma: o que a faria sofrer. E que a busca de tal solução, por meio do exame e da manipulação desse objeto, implica um julgamento negativo de tal mulher, por sua resistência ou recusa a se oferecer docilmente a tal posição de objeto.

Contudo, é importante sublinhar que tal busca leva a uma tal destituição da posição de superioridade que seria a desses homens, que chega a ridicularizar sua pretensão de saber e a fazer deles personagens cômicos – inclusive e sobretudo no que diz respeito àquele que ocupa a posição de autoridade capaz de decidir a questão. Além disso, deve-se sublinhar que a "solução" do enigma não diz respeito a uma suposta característica anatômica do corpo que se abre e examina, mas a um ato que implica sujeira e leviandade, falta de conscienciosidade e ética, e teria nele sido perpetrado por um dos homens.

Podemos dizer que se trata, portanto, com o sonho da injeção de Irma (essa espécie de cena fundante da psicanálise), de uma análise (ou seja, uma desmontagem) do trauma que explicita suas linhas de força sociais, revelando-o como um jogo entre posições quanto ao que atualmente chamamos gênero. Trata-se da uma espécie de análise química da "solução" sexual – como parece apontar a sequência de elementos que desemboca na trimetilamina. E nesse significante último – apresentado como fórmula, e em negrito – pode-se ouvir, segundo uma observação que Bonomi imputa ao psicanalista holandês Adrian de Klerk, uma espécie de transcrição literal da expressão hebraica *brith milah*, que significa precisamente "circuncisão" (Bonomi, 2015, p. 8).

Ainda que outros elementos apareçam nas associações do sonhador de modo a complexificar sua interpretação, e que ele próprio privilegie a ideia de que se apresenta aí "um certo estado de coisas como eu poderia desejá-lo", concluindo que seu conteúdo seria uma "realização de desejo, e seu motivo, um desejo" (Freud, 1900/2017, p. 140), podemos desconfiar que ele próprio consideraria a vontade de ser desculpabilizado por demais explícita em sua vida psíquica para ser tomada como modelo de desejo inconsciente. Outro desejo consciente seria aquele de curar Irma, mas se poderia escutar nele a modulação "ser capaz de injetar nela a solução de seu caso", que revela sua implicação sexual. Seja como for, é indiscutível que se trata, no sonho, de uma trama na qual alguns homens ocupariam uma posição de poder sobre uma mulher; uma mulher situada no lugar da objetificação e da submissão e da qual se trata de abrir (e talvez violar) os limites corporais. Tal enredo evidencia, ademais, um lugar de autoridade que seria uma espécie de garantia de tal dinâmica e detentor máximo do poder que aí circula, ou seja, uma espécie de pai. Em tal cena, portanto, não podemos deixar de reconhecer a explicitação da estrutura patriarcal hegemônica na época vitoriana, contexto na qual ela se forma como sonho e como narrativa fundante da psicanálise, tendo como figura fulcral, a pôr em xeque o lugar do pai, o agitado corpo da histérica – o corpo que se dá em espetáculo de modo a jogar na cara da sociedade seu gozo, desafiando seus instrumentos de saber e domesticação. Isso não quer dizer, porém, que ela se esgote como contextualização histórica. Nela pulsa a ossatura social que segue dominante em nossa época, ainda que tenha modificado ligeiramente algumas de suas características.

Nesse sentido, o espetáculo do sonho da injeção de Irma é o mesmo que as histéricas da época de Freud não paravam de jogar na cara da sociedade, com sintomas que podiam chegar perto dos gestos do orgasmo, como as convulsões e o grande arco histérico. Os médicos, ainda mais fortemente que hoje, ocupavam tal lugar de poder na época que não hesitavam em usar, diante de uma crise considerada grave, a "manobra" que consistia em introduzir os dedos na vagina da paciente, segundo Didi-Huberman (2015). A torção introduzida por Freud em tal esquema, que fará toda diferença e dará origem à psicanálise, é a própria explicitação disso como sonho e interpretação – e seu desdobramento como teoria.

Tal leitura do sonho de Irma ecoa a feminista marxista australiana Juliet Mitchell, que indicava já na década de 1970 que a psicanálise realizaria "uma análise de uma sociedade patriarcal" (1979, p. 17), ainda que eu tome aqui uma via de argumentação diferente da sua. Tento aqui seguir tal caminho para acrescentar que, ao pôr em cena e dissecar a ossatura patriarcal, podemos considerar que o sonho opera uma destituição de tal suposto poder, explicitando-o não só literal e demonstrativamente, mas de forma paródica. O pai é ridículo, seu saber é uma farsa que os filhos tentam em vão replicar e manter em uma espécie de frágil aliança. Em suma, o que mostra o sonho da injeção de Irma, ecoando e elaborando de alguma maneira a situação da cirurgia de Eckstein, é que quando uma mulher abre a boca – mais precisamente, quando um homem, Freud, se decide a escutá-la, ou melhor, é levado por algumas delas a calar a própria boca e ouvi-las (Anna O., no tratamento com Breuer; Emmy von N., com ele próprio) –, desarranja-se o esquema patriarcal e revela-se sua frágil sustentação como uma espécie de pantomima.

Assim, o sonho da injeção de Irma traz à baila o trauma, entre ato e encenação onírica, entre teoria e associações do sonhador, explicitando e de alguma maneira esgarçando sua urdidura como cena na qual se marca uma violência sexual correspondente à invasão (por um homem dentre um grupo de homens) de um corpo (de uma "mulher" em uma série de "mulheres") que o prejudica e faz sofrer.

E esta é a cena que funda a psicanálise.

Referências bibliográficas

Bonomi, C. (2015). *The cut and the building of psychoanalysis: Sigmund Freud and Emma Eckstein* (Vol. I). Routledge.

Didi-Huberman, G. (2015). *Invenção da histeria: Charcot e a iconografia fotográfica da Salpêtrière*. Contraponto.

Freud, S. (1974). A história do movimento psicanalítico. In *Edição standard brasileira das obras psicológicas completas de Sigmund Freud* (Vol. XIV). Imago. (Trabalho original publicado em 1914).

Freud, S. (1996). Projeto para uma psicologia científica. In *Edição standard brasileira das obras psicológicas completas de Sigmund Freud* (Vol. I). Imago. (Trabalho original publicado em 1895).

Freud, S. (2017). *A interpretação dos sonhos*. L&PM (Trabalho original publicado em 1900).

Lacan, J. (1978). *Le Séminaire. Livre 2: le moi dans la théorie de Freud et dans la technique de la psychanalyse*. Seuil.

Masson, J. M. (1984) Freud and the seduction theory. In *The Atlantic Monthly*, Vol. 253, fev. 1984, s/n. https://www.theatlantic.com/magazine/archive/1984/02/freud-and-the-seduction-theory/376313/

Masson, J. M. (1986). *A correspondência completa de Sigmund Freud para Wilhelm Fliess 1887-1904*. Imago.

Mitchell, J. (1979). *Psicanálise e feminismo: Freud, Reich, Laing e a Mulher*. Interlivros.

Schur, M. (1981). *Freud: vida e agonia* (Vol. I). Imago.

2. O traumático da condição de ser mulher

Rafaela Degani

A realidade externa na equação traumática

A questão da sexualidade feminina tem me ocupado mais agudamente nos últimos tempos. Não só pelo fato óbvio de eu ser mulher, mas também pela escuta das mulheres que me procuram na clínica. O tema do corpo feminino, das fantasias sexuais infantis e dos abusos que as mulheres sofrem me interessa. Debaterei tais questões me valendo de vinhetas clínicas dos casos que acompanho há anos e me apoiarei nos mais diversos autores e autoras da psicanálise para tentar dar conta das minhas inquietações.

Assim como outros tantos psicanalistas, retomarei a discussão sobre a primeira e a segunda teoria do trauma na obra de Freud. Em termos gerais, desde o "Projeto para uma psicologia científica" (1950[1895]/2006i), Freud define o trauma como o resultado de uma quantidade demasiada de excitação/estímulo de fonte endógena ou exógena que, ao invadir o aparelho psíquico, rompe as barreiras protetoras, ameaçando a unidade psíquica, impossibilitando o trabalho da simbolização. Nas neuroses, a excitação traumática é sempre sexual e acarretará sintomas de quadros fóbicos, obsessivos ou histéricos. Mais adiante, em 1920, Freud acrescenta a noção de pulsão de morte à teoria e descreve quadros sintomáticos diferentes dos neuróticos, nos quais a excitação em demasia cria um circuito em busca de descarga pulsional, acarretando uma repetição constante da cena traumática.

Já em "Estudos sobre a histeria" (1893/2006a), Freud define que os sintomas histéricos são causados por situações traumáticas ainda vividas na infância, que, ao serem rememoradas por alguma situação no presente, determinam o fator desencadeante do sintoma histérico, definindo o trauma em dois tempos. Foi Freud quem percebeu a etiologia sexual nas patologias neuróticas e, de forma inédita, demonstrou que a sexualidade humana começa na mais tenra infância, passa por um período de calmaria (latência) e retorna com força na puberdade, estabelecendo assim os dois tempos da psicossexualidade. A noção de como as excitações excessivas operam no aparelho psíquico não mudam ao longo da obra, contudo, a partir do ano de 1897, Freud sugere uma mudança importante no que tange a origem do agente do trauma. Na famosa "Carta 69", endereçada ao amigo Fliess, Freud (1897/2006c) escreve que não acredita mais em sua neurótica. Frase famosa, citada por muitos. O abandono da teoria da sedução se deu por um descrédito a respeito da perversão que determinaria o caráter de todos os pais de suas pacientes histéricas. Como consequência, o fundador da psicanálise encontra na fantasia da menina histérica a causa de seus sintomas. Aqui me refiro mais especificamente às meninas, pois foi a partir da escuta das mulheres histéricas que Freud formulou sua teoria. Em "Estudos sobre a histeria", os casos apresentados são de cinco mulheres. Portanto, há uma mudança de causalidade. Num primeiro momento, era o homem/pai; num segundo momento, a menina, por fantasiar, produzia seus sintomas.

Um ano antes da "Carta 69", na "Carta 52", Freud (1896/2006b) escreve: "Cada vez mais me parece que o ponto essencial da histeria é que ela resulta de perversão por parte do sedutor e mais e mais me parece que a hereditariedade é a sedução pelo pai" (p. 286). Ideia que, ao ser reprimida, nunca foi esquecida e, tal qual os conteúdos recalcados, retorna com força, produzindo debates até os dias de hoje.

Em um excelente artigo, Tania Rivera (2023), afirma que Freud, por um momento, conseguiu dissecar as origens do patriarcado, situando o pai/homem como o grande abusador, entretanto, não sustentou essa ideia por tempo suficiente, tendo que em seguida livrar os homens desse fardo.

Em que pese Freud ter dado uma ênfase maior para a fantasia do que para a realidade, ele nunca abandonou nem os fatores constitucionais hereditários, nem as experiências reais como causação da neurose. Em sua famosa equação etiológica apresentada na conferência XXIII (1915-1916/2006g, p. 364), fica clara a importância de tais componentes: Constituição sexual hereditária + Experiência infantil = Fixação da libido + Experiência casual traumática no adulto = Causa da neurose. Nessa conferência, Freud sustenta a ideia de que, na maior parte dos casos de histeria, a certeza de ter sido abusada não passa de uma fantasia, porém escreve: "A maioria dos analistas terá tratado casos nos quais esses eventos foram reais e poderiam ser constatados inquestionavelmente" e mais adiante:

> *Se ocorreram na realidade, não há o que acrescentar, mas se não encontram apoio na realidade, são agregados a partir de determinados indícios e suplementados pela fantasia. O resultado é o mesmo, e, até o presente, não conseguimos assinalar, por qualquer diferença nas consequências, se foi a fantasia ou a realidade aquela que teve a participação maior nesses eventos da infância. (Freud, 1915-1916/2006g, p. 372)*

No mesmo texto, ele se questiona o porquê das fantasias serem sempre sobre o mesmo tema (sedução infantil, cena primária e castração) e justifica com a teoria das fantasias originárias que fazem parte, segundo o autor, de um acervo filogenético que carregamos de experiências reais vividas por nossos ancestrais nos tempos pré-históricos.

De uma forma ou de outra, a fantasia parte de algo que foi experenciado, mas durante o século XX, as histéricas foram prioritariamente escutadas sob a perspectiva da fantasia edípica, e pouco se desenvolveu teoricamente a respeito da influência de fatores culturais na causação das patologias. Passados mais de 100 anos da criação de nosso ofício, observamos alguns avanços e seguiremos esse fio.

Todas as mulheres e meninas que escuto e escutei têm pelo menos um relato de abuso. Vivência comum e quase corriqueira. Não são casos de estupros violentos, mas de vivências sexualmente excessivas, perpetradas principalmente por homens mais velhos, por vezes pais, tios, professores, entre outros. Trago alguns exemplos.

Aos 14 anos, Mônica teve um *nude* vazado para toda escola. A menina alta, magra e bonita tirou uma foto sua pelada e enviou para um colega com quem estava flertando. O menino, da mesma idade, enviou a imagem para um grupo de amigos e assim logo se espalhou por todo colégio. Na escola, a diretora chamou Mônica e os pais. Durante a conversa, com clima nada amistoso, a menina foi advertida a se preservar. Ao menino (que vazou o *nude*) foi dada uma penitência de cinco dias sem frequentar a escola. Eu, quieta penso: punição ou recompensa? Passado o prazo do castigo sua vida seguiu igual, integrado ao grupo dos amigos; Mônica o via passeando de cabeça erguida pelo colégio. O escândalo correu os corredores e chegou às casas dos alunos. As mães das colegas de Mônica aconselharam as filhas a se afastarem da má influência que ela agora representava.

Em outra situação clínica, Jéssica, uma jovem adulta, conta ter perdido a virgindade com o padrasto quando tinha apenas 12 anos. Demorou a entender que se tratava de um abuso, passou anos mantendo relações sexuais com ele acreditando que se tratava de uma forma de amor e cuidado. Ainda adolescente tornou-se garota de programa, ofício que não exerce mais. Como sintoma restou uma relação de amor e ódio com o próprio corpo. Mesmo tendo menos de 30 anos já passou por dezenas de cirurgias plásticas. Um corpo odiado, que precisa ser modificado, arrancado, cortado. Uma frenética busca por algo que ela não explica. Uma insatisfação constante. Paradoxalmente, precisa se sentir *sexy* e atraente para os homens o tempo todo. Aprisionada entre a excitação e o horror.

Em outro exemplo, escuto uma adulta perto dos 40 anos e virgem. Maria me conta ter um pai extremamente controlador, que liga para saber onde ela está todas as noites antes de dormir. Por vezes, ela interpreta esse comportamento como um excesso de cuidado e amor, fala com carinho sobre o pai. Relembra em uma sessão que, quando menstruou pela primeira vez, o pai convocou-a para uma conversa, avisando que se ela aparecesse grávida ele a expulsaria de casa. Ficam claras as fantasias desse homem em relação à filha. O ingresso no segundo tempo da sexualidade foi marcado por essa cena.

Viviam, hoje com quase 30 anos, sofre constantemente com sua aparência, há uma desconexão na relação com seu corpo. O corpo, que é fonte da pulsão e da excitação, é experimentado por Viviam como um inimigo traiçoeiro com vontades próprias. No lugar do prazer, há um desconforto permanente. Na puberdade, lembra de estar sempre vigiada pelos pais. Havia uma exigência de magreza e recato, qualquer sinal de sensualidade era duramente punido. Em um episódio isolado de sua adolescência, foi assediada verbalmente por um professor e, ao contar à mãe, ouviu acusações a respeito de suas roupas justas, como se ela tivesse intenção de seduzir o homem que tinha o dobro de sua idade. Vive hoje numa luta constante para emagrecer, observa-se minuciosamente no espelho em uma tentativa de domar o próprio corpo. Quando emagrece, sente-se bonita e culpada, e voltar a engordar é o que ocorre em seguida.

As pequenas vinhetas apresentadas são apenas um recorte de uma complexidade maior que abrange cada analisando envolvido. O ponto importante é demonstrar que o desenvolvimento psicossexual das meninas/mulheres passa pela particularidade de ter seus corpos expostos a excitações externas em demasia, portanto, obrigando o aparelho psíquico a lidar com uma carga excessiva de intensidade. Se desconsiderarmos a teoria da sedução, pensada antes de 1897, incorremos no risco de repetir o que Freud (1905/2006d) fez ao interpretar Dora. A adolescente, que na época tinha 14 anos, foi assediada pelo Senhor K., e ao relatar o acontecido ao seu analista, recebeu o carimbo de histérica. Afinal, como uma menina de 14 anos não cedeu aos encantos de um homem bem mais velho? Era um caso clássico de neurose. Em nenhum momento Freud se questionou sobre a conduta abusiva do Senhor K. Aqui volto ao texto de Tania Rivera (2023, p. 2):

> *É espantoso que Freud considere que uma mulher não histérica, ou seja, supostamente "normal", deveria sentir excitação sexual em qualquer situação, independentemente de com quem ela se dá, e sobretudo que ela devia senti-lo e consequentemente prestar-se a servir como objeto sexual de alguém por quem ela não parece ter manifestado nenhum interesse erótico.*

Ao nos recusarmos a enxergar os fatores externos que integram a trama dos sintomas neuróticos acabamos por desamparar quem nos busca para uma escuta.

Voltando aos casos clínicos: os homens dos relatos anteriores não são, exceto na situação do padrasto, homens deliberadamente perversos. São pais, tios e amigos "normais", desses com quem a gente convive diariamente. Pais dedicados e amorosos, inclusive alguns eu conheci no consultório. Não creio que possamos chamá-los de perversos, mas entendo que há na conduta dos homens uma permissão para atuarem seus desejos. Como se a força do recalque não operasse desde a cultura, pelo contrário: há um aval – um ideal? – para que excessos sejam cometidos.

Aqui trago uma última vinheta clínica: Gustavo tem 15 anos e chega ao consultório com marcas de chupão no pescoço, meio orgulhoso, meio envergonhado, e me conta que foi "atacado por uma vampira na festa"; depois relata que, ao chegar na escola, recebeu uma salva de palmas dos colegas. A menina, sua colega, também trazia marcas no pescoço, todavia, não foi recebida com palmas, e sim com um novo apelido: vampira. Para além do que trabalhei com meu paciente em relação a sua sexualidade, o medo evidente que ele sente das mulheres, entre outras coisas, quero destacar o papel dos ideais nessa cena. Do menino, é exigido que comemore o feito, como se as marcas no pescoço o alçassem a um novo *status* de homem, impedido inclusive de refletir se o encontro sexual foi de seu agrado ou não. À menina restou a pecha de alguém perigosa e agressiva. A mesma cena, entretanto, com marcas extremamente diferentes para ambos.

O que estou tentando demonstrar é bastante óbvio: o caldo cultural ao qual estamos inseridos incide de forma determinante na constituição do sujeito. Levando novamente à conclusão de que a histeria tem causas reais, como Freud preconizava antes de 1900. Não há nada de novo no que trago até aqui, pelo contrário: é o que tem de mais antigo na psicanálise. Alguns autores depois de Freud retomam a primeira teoria sob outras perspectivas.

Um deles é Sandor Ferenczi, que em seu célebre texto "Confusão de línguas entre os adultos e a criança" (1933/2022) explicita com muita clareza de onde parte o trauma. O psicanalista húngaro relembra que a criança busca por ternura, mesmo que povoada por fantasias sexuais; desejar não é a mesma coisa que querer realizar. Espera-se do adulto amor, e não sexo. Assim ele afirma: "Confundem as brincadeiras infantis com os desejos de uma pessoa que atingiu a maturidade sexual, e deixam-se arrastar para prática de atos sexuais sem pensar nas consequências" (p. 116). Freud (1905/2006e), no artigo "Três ensaios sobre a teoria da sexualidade", já apontava para a corrente da ternura e a sexual:

> *Quando a ternura dos pais pelos filhos é bem-sucedida em evitar que a pulsão seja prematuramente despertada nele, ou seja, antes que se deem as condições somáticas da puberdade, e despertada com tal força que a excitação anímica irrompa de maneira inconfundível no sistema genital, essa ternura pode cumprir sua tarefa de orientar esse filho, na maturidade em sua escolha do objeto sexual. (Freud, 1905/2006e, p. 212)*

Aqui Freud reconhece a função parental como responsável por preservar o psiquismo da criança, porém, o foco de sua teoria nunca foi o objeto, e sim o sujeito e sua dinâmica intrapsíquica.

Anos mais tarde, Laplanche (1987/1992) vai desenvolver sua teoria sobre a sedução generalizada, onde ele postula que o processo de hominização é sempre traumático, pois ao cuidar do infante desamparado, o adulto inocula mensagens enigmáticas de ordem inconsciente, as quais o bebê não tem condições, em um primeiro momento, de simbolizar. Ao cuidar, o adulto também traumatiza com seus excessos sexuais. A vivência infantil, sob essa perspectiva, é traumática, há constantemente uma sexualidade adulta invadindo um psiquismo em formação. A partir de então, instaura-se a conflitiva edípica na criança. Não diverge de Freud, porém enfatiza a perspectiva real e traumática da relação adulto-criança.

A psicanálise articula clínica e crítica social desde seus inícios. Diversos analistas se debruçam sobre as questões culturais para entenderem a subjetividade; assim, vamos avançando na teoria e na clínica. Em 1952, Frantz Fanon já apontava para a necessidade de ressaltar a importância que o meio social exerce sobre os sujeitos; como um homem negro, nascido em uma colônia francesa, experimentava na pele os efeitos dos ideais culturais brancos e coloniais em sua constituição, e em seu célebre trabalho *Pele negra, máscaras brancas*, ele escreve: "Ao lado da filogenia e da ontogenia, há a sociogenia" (Fanon, 1952/2008, p. 28).

Sobre a importância dessa articulação, destaco uma ideia do psicanalista Norberto Marucco em que ele postula a influência cultural como uma quarta instância psíquica, ao lado do Id, Ego e Superego; nas palavras do autor:

> *o psiquismo do sujeito atravessará diferentes vicissitudes de estruturação. Vicissitudes em que a presença cultural será imanente, e por onde irá deixar impressa uma representação intrapsíquica da realidade externa significada e mediada pelo vínculo com o outro. Isso talvez poderia levar a considerá-la como uma quarta instância psíquica. (Marucco, 2002, p. 4)*

Ao desenvolver essa ideia, Marucco alça a cultura a um novo *status* psíquico, evidenciando a inseparabilidade entre sujeito e seu meio social. No mesmo texto, o autor ressalta a influência dos ideais culturais introjetados no sujeito, que exercem uma força de exigência em direção ao Ego, marcando novamente o importante papel da cultura na vida intrapsíquica. Situa o lugar da influência da realidade externa – mesmo que mediada pelo outro – na constituição subjetiva do sujeito.

Não é a intenção deste ensaio fazer uma revisão teórica dos autores supracitados, apenas pincelei algumas ideias que vão ao encontro das minhas próprias. Cabe ainda destacar os avanços de autoras mulheres dentro da psicanálise, as quais, ao longo da história, têm revisado a teoria freudiana, produzindo outros conceitos a respeito da sexualidade feminina. Figuram entre elas as pioneiras Melanie Klein, Lou Salomé, Anna Freud, Helen Deutch, Karen Horney. Psicanalistas contemporâneas não cansam de revisar os textos freudianos em busca de reformular teorias que estejam mais de acordo com suas experiências subjetivas e a escuta em suas clínicas. A maior participação das mulheres na vida pública tem possibilitado avanços teóricos em todas as áreas de conhecimento. Não é diferente com a psicanálise. Ninguém escapa aos ideais de seu tempo. Valores, ética, regras, tabus, leis, proibições e permissões serão introjetados por cada sujeito. O sujeito como produto e produtor de cultura.

O patriarcado como vivência traumática

Muito tem se falado sobre as origens do patriarcado, e aqui não farei uma revisão histórica, porém, cabe pensar, a partir da teoria psicanalítica, qual contribuição podemos oferecer ao debate. A estrutura patriarcal jamais pode ser explicada partindo de uma causa única. Contudo, podemos arriscar a hipótese de que essa estrutura tem relação com a mulher e seu corpo. Medusa é um bom exemplo de como as mulheres ocupam um lugar de poder e horror no imaginário. Sedutoras e assassinas. Meio mulher, meio monstra. Capaz de paralisar o homem apenas com um olhar.

Poderosas, portadoras de um corpo capaz de gestar, parir e nutrir. Sedutoras, que ao cometerem o pecado original, são expulsas e expulsam o homem do paraíso, como no mito bíblico. Ou apontadas como o continente negro, tal qual disse Freud, fazendo alusão à África e seus mistérios. Não faltam exemplos na arte e na psicanálise que coloquem a mulher como um ser demoníaco e sedutor. Ainda hoje é comum assistirmos psicanalistas apontando a mãe como a responsável pelo desvalimento ou psicose do filho, ao passo que a importância do lugar do pai segue imensa, como aquele capaz de inserir a criança na cultura, salvando-a dos poderes esquizofrenizantes da mãe.

No texto freudiano, encontramos a ideia de que a ameaça de castração geralmente vem de uma mulher (Freud, 1924/2006h). É de Freud também a afirmação de que o desejo de retornar ao útero materno é uma fantasia originária. Útero, um lugar que remete à vida e à morte. Um órgão que pode sangrar e também conter a vida embrionária, um signo que está na origem da palavra histeria. Temidas e amadas, mais temidas que amadas, talvez.

O pai da psicanálise, homem do século XIX, não escapou das influências do patriarcado e teorizou de forma contestável a respeito da sexualidade feminina. A inveja do pênis, o superego mais frouxo, o prazer clitoridiano como um complexo infantil, a pouca capacidade sublimatória das mulheres, entre outras ideias,[1] formam um apanhado teórico bastante controverso e questionado, principalmente por psicanalistas mulheres.

Karen Horney, contemporânea a Freud, desafiou o freudismo e ousou pensar a partir de sua experiência enquanto mulher e psicanalista. Questionou a inveja primária do pênis, criando hipóteses interessantes para o complexo edípico nas meninas. Horney (1923/1991) entendia que a menina identificada com a mãe fantasia ser penetrada pelo pai, que por possuir um pênis adulto, lesa a pequena vagina infantil. O medo e a culpa levam a menina a recusar a própria vagina, podendo ter como sequência os sintomas histéricos. Para Horney: "a menina não se viraria para o pai por um desapontamento com a mãe, mas por estar identificada com ela" (Amorim, 2023, p. 109). Há uma diferença em relação às ideias de Freud sobre o complexo de Édipo. Para Freud, a menina se frustra com a mãe e a acusa de não possuir um pênis, portanto, se volta para o pai. A menina resolverá seu complexo tardiamente quando puder ter um filho, de preferência um varão. Para Horney, a menina não está frustrada por não ter um pênis, o desejo pelo pai é fruto de uma identificação entre a filha e a

1 Ideias presentes ao longo da obra de Freud especialmente nos textos sobre a sexualidade feminina de 1931 e 1933.

mãe, dois corpos femininos. A inveja do pênis seria posterior a esse momento inicial, quando a menina fantasia que sua vagina foi danificada pelo pênis adulto, e, portanto, a recusa. Aqui há uma ideia de que as meninas reconhecem ter um genital próprio, mesmo que venham a recusá-lo posteriormente, em caso de desenvolverem uma neurose. É uma lógica diferente da do monismo fálico, defendida por Freud. Desafiando o pensamento vigente de sua época, em 1923 "a autora questionou a assunção de que mulheres se considerassem em desvantagem por causa de seus órgãos genitais" (Amorim, 2023, p. 108) e afirmou que a ideia de uma desvantagem biológica é possivelmente devido ao narcisismo masculino (Horney, 1923/1991 citada por Amorim, 2023, p. 108). Horney entendia o contexto cultural no qual as mulheres estavam inseridas e não deixou de fora essas considerações ao formular sua teoria.

Voltando ao nosso fio condutor, podemos sugerir que o temor/desejo dos homens em relação ao corpo das mulheres é um dos ingredientes princeps do patriarcado.

Da perspectiva da menina, inserida em uma sociedade machista e violenta, onde os assédios são comuns e pouco criminalizados, a fantasia edípica é validada pelas vivências da realidade externa. Na melhor das hipóteses ainda resta a fantasia. Na pior, a capacidade de fantasiar é aniquilada pela realização do suposto desejo. A capacidade de fantasiar está diretamente ligada com o respeito à barreira do incesto, como escreve Freud (1905/2006e) em "Os três ensaios sobre a teoria da sexualidade": "A vida sexual do jovem em processo de amadurecimento não dispõe de outro espaço que não o das fantasias, ou seja, o das representações não destinadas a concretizar-se" (p. 213). Ressalto a frase final *não destinadas a concretizar-se*, ou seja, ideias que precisam seguir não realizadas, preservando assim a capacidade de fantasiar do sujeito.

Renata Cromberg (2001/2004), na mesma linha Ferenczi, enfatiza que, na fantasia de sedução da menina, o que é imaginado como sexual em realidade é o desejo de um encontro afetivo. Ao pai adulto cabe não violar o tabu do incesto. Sobre o jogo de sedução paterno a autora específica que:

> *A menina não deixa de seduzir o pai ou seu substituto. Ela demanda ao pai: "você aguenta meu amor, minha sedução para poder me dar coisas boas sem me decepcionar me amando sexualmente de volta?". O que a menininha pede? Que o pai aguente o amor, se seduza por ela, banque seu percurso de menina à mulher, mas não viole a lei do incesto, se autointerdite. (p. 189)*

A sedução paterna barrada pelo tabu do incesto se faz necessária para que menina se sinta desejada e posteriormente possa desejar.

Quando os assédios às mulheres são normalizados, os desejos inconscientes são interpretados como um sinal verde, como se nela habitasse a demanda de viver em ato aquilo que vive em fantasia. "Ela estava de minissaia", é um argumento que provavelmente todo mundo já ouviu da boca de alguém que quer justificar o abuso. A sensualidade feminina como um aval para toda sorte de violência. O medo/desejo que o homem experimenta diante de uma mulher está na raiz dos impulsos agressivos, impulsos que não encontram barreiras suficientes em um cenário machista. Sabemos que é da cultura que vem a regulação dos interditos. Para os homens, a pulsão encontra satisfação com muito mais facilidade, sem a exigência cultural que faz o recalque operar. Ao passo que se exige das mulheres um recato constante, e quando desobedecem, são responsabilizadas por despertarem os impulsos alheios. Presas em um beco sem saída, vivem sua sexualidade reprimidas ou sujeitas à violência.

Na adolescência, onde há um retorno da conflitiva edípica, as vivências excessivas têm a força de reatualizarem o trauma. O segundo tempo da sexualidade é vivido pela mulher de forma assustadora. A menarca marca o corpo da menina de maneira definitiva. Um corpo que sangra, que cresce, que se prepara biologicamente para o ato sexual.

Em 2022, foi lançado nos cinemas o filme *Red: crescer é uma fera* (Shi, 2022). Uma narrativa sobre as mudanças que ocorrem quando a primeira menstruação acontece. A personagem Meilin Lee vira um panda vermelho assustador e agressivo nos dias em que está menstruada. Como se tivesse possuída de uma maldição, meio animal, meio humana, vivencia de forma confusa o ingresso na adolescência. Diana Corso (2022) escreve sobre esse filme:

> *Meilin nada sabia do monstro que espreitava dentro dela, sua mãe não a preparou, pois acreditava que bastava manter a filha longe das manifestações de sua sexualidade e feminilidade para evitar a maldição. É uma forma do filme representar nossos silêncios femininos, a dificuldade, entre mães e filhas, de encontrar palavras para transmitir nossas experiências, sentimentos, temores e sabedorias. As mulheres ainda estão descobrindo formas de dizer de si.*
>
> *Não surpreende que faltem palavras para nos narrar, pois, enquanto gênero, durante longa jornada fomos educadas para depender de maridos e famílias, na condição de objeto ou posse, e pensar-nos desde fora. O corpo de uma mulher não costuma ser uma questão pessoal, ela não acredita que tenha muito a dizer sobre ele. Além dessa alienação, cada sociedade desenvolveu suas formas de controlar e de lidar com a "mágica" da reprodução. A chegada do primeiro sangue menstrual é, em muitas culturas, motivo de ritos, feitiços, crendices.*
>
> *Nenhum acontecimento previsto no desenvolvimento fisiológico de um homem costuma estar associado a tantos ritos. Não é um achado antropológico corrente que algum*

> *rapaz tenha sido considerado impuro ou perigoso em função da primeira ereção ou polução, ou mesmo na ocasião da mudança de voz. (p. 15)*

Um, entre tantos exemplos que remetem o corpo da mulher a um continente desconhecido e temido.

Na puberdade, as meninas começam a ser olhadas de forma sexualizada, não sendo raro púberes se vestirem com roupas largas, escondendo o corpo, numa tentativa de amenizar os olhares desejosos e invasivos dos adultos. Bem como de recusarem para si mesmas as mudanças que evidenciam o ingresso em um novo tempo da sexualidade. Como se não bastassem as dúvidas em relação às transformações do corpo, os hormônios em ebulição, as pulsões que invadem desde dentro, as meninas precisam lidar com o bombardeio de excitações vindas da realidade (machista) externa. Excesso de excitação, que fazem a menina experimentar as mudanças de seu corpo de forma traumática.

"Novinhas" é das categorias mais acessadas nos sites pornográficos. Novinhas estão nas canções, nos filmes, nas fantasias masculinas. É raro, eu diria quase inexistente, relatos de mulheres em idade adulta (30, 40 anos) desejando "novinhos", olhando com malícia para um púbere de 13, 14 anos. Não encontramos com facilidade essa cena nem nos consultórios, nem em filmes, livros ou coisas do tipo. Sabemos dos efebos da Grécia antiga e de como eles eram entregues aos seus tutores para a iniciação sexual, mas novamente nos deparamos com o homem no lugar daquele que viola um menor de idade. O homem testando seu poder, dando vazão a suas pulsões primitivas de apoderamento e dominação, defendendo-se de forma violenta da fantasia de ameaça de castração e tendo como álibi a sociedade patriarcal. Em sua ponta mais radical, o espectro da violência contra mulher atinge níveis absurdos; segundo o dossiê da Agência Patrícia

Galvão (2023), no Brasil, a cada 10 minutos uma mulher é estuprada e, a cada dia, 3 mulheres são vítimas de feminicídio.

Outro dia me recordei de um livro que li há muito tempo, de um filósofo que na ocasião eu gostava: André Conte Sponville. Uma passagem desse livro tinha ficado impressa em mim, não dei um sentido maior na época, porém nunca esqueci. Hoje entendo que aquilo que parecia sem importância é um exemplo perfeito de como os homens têm maior liberdade de viver suas fantasias, sem nenhum constrangimento, com a anuência da sociedade na qual estão inseridos. Transcrevo aqui o trecho:

> *Lembro-me de uma noite na casa de amigos, muitos anos atrás. A filha deles, então com 14 anos, tinha saído: estava fazendo baby-sitting, explicaram-me os pais, na casa de vizinhos... Então, logo após a meia noite, ei-la que volta para casa, que entra timidamente na sala... Deslumbramento. Fascinação. Era muito mais que desejo e algo bem diferente. Pela primeira e última vez na vida, vi um Boticelli vivo diante de mim, e não era pintura nem alucinação. Os anos passaram. A filha de meus amigos tornou-se uma linda jovem, segura de si e de sua beleza. Mas sem aquele charme quase sobrenatural de seus 14 anos, que ela ignorava e que não voltará. (Sponville, 2007, p. 74)*

Vejam que o desejo pelas púberes não escapa nem a um livro de filosofia. Nas obras literárias, no teatro, no cinema abundam personagens mulheres e jovens cobiçadas por homens. Nelson Rodrigues talvez seja um expoente desses casos. Em seu famoso romance *Asfalto selvagem*, um dos personagens chega a dizer que "todas as mulheres deviam ter 14 anos" (p. 182). O ponto principal aqui não é difamar esse ou aquele autor, pelo contrário, os artistas apenas trazem à tona, com competência, aquilo que habita o inconsciente de todos nós. As obras literárias são um testemunho dos nossos mais estranhos desejos. O que fica claro é que há nos homens um desejo por meninas e em nossa cultura essas vontades masculinas são despejadas sem nenhum impedimento. As mulheres, com seus sintomas histéricos, nos contam disso todos os dias nos divãs.

Um exemplo emblemático, pelo menos no século XX, é o do livro *Lolita*, de Vladmir Nabokov, inicialmente publicado em Paris em 1955. A obsessão de um homem nos seus 30 e poucos anos por uma menina de 12 causou escândalo na cena cultural da metade do século passado. Uma obra que mistura incesto (caso entre o padrasto e sua enteada) e pedofilia. Foi nesse livro que Nabokov ressignificou a palavra ninfa, tornando o termo popular:

> *Entre os nove e os catorze anos de idade, ocorrem donzelas que, a certos viajantes enfeitiçados, duas ou muitas vezes mais velhos do que elas, revelam sua verdadeira natureza que não é humana, mas nínfica (isto é, demoníaca); e essas criaturas predestinadas proponho designar como "ninfetas". (Nabokov, 1955/2011, p. 21)*

As Ninfas ocupam um lugar controverso na mitologia grega, são figuras femininas que não são nem deusas, nem heroínas. Moram nas nascentes de rios, ou em cavernas, em lugares distantes das cidades, próximos a natureza. São descritas frequentemente como filhas de Zeus, de Gaia ou de vários deuses dos rios. São mortais, porém usufruem de uma vida sobre-humana, conservando-se jovens por muitos anos. São sexualmente desejáveis, por vezes promíscuas e difíceis de domesticar. Podem se tornar agressivas e levar o homem à morte. Quando se entregam à violência ou à promiscuidade, não são punidas, como as heroínas. Muitas vezes, a Ninfa é tida como o ancestral autóctone mais antigo e com uma profunda ligação com a terra. Associadas às nascentes de rios, as Ninfas possuem um poder curativo, os deuses da cura, geralmente estão perto de uma fonte de água (Larson, 2001, tradução nossa). Nota-se que já habitava no imaginário da antiguidade uma associação da mulher com uma figura ambígua, poderosa, jovem e promíscua. A caverna e a água remetem a uma associação com o útero, a relação com a natureza alude à constituição da mulher com o que há de mais primitivo e selvagem. Vemos que, desde os gregos, a mulher causa temor e desejo, uma incógnita para os homens. Entendo a mitologia como um desdobramento das fantasias inconscientes. Da antiguidade aos tempos atuais, as Ninfas se presentificam nas narrativas humanas.

O tamanho frisson do *bestseller Lolita* nos diz algo sobre os desejos inconscientes. Talvez, mais ainda sobre os desejos dos homens. Obviamente *Lolita* não é uma obra a favor da pedofilia, é uma ficção, muito bem escrita e, como toda boa ficção, revela o que há de mais obscuro no humano. Uma narrativa em primeira pessoa, com autor e protagonista masculinos. Aqui não interessa interpretar a obra do escritor, mas sim pensar no sucesso de sua escrita. Freud desde sempre recorreu à literatura para se apoiar em suas teorias, entendendo que a matéria-prima da criação artística é a mesma das fantasias inconscientes (Freud, 1908/2006f). O escritor oferece sua obra ao mundo, que serve de espelho aos devaneios mais ocultos de seus leitores. Assim como o brincar presta um serviço à criança, dando vazão aos prazeres, a arte oferece aos adultos o mesmo tipo de satisfação.

Apesar do personagem que narra a história ser apresentado como um maníaco, prestes a ser julgado, o desejo posto em cena certamente não é privilégio dos perversos. Até porque sabemos que a neurose é o negativo da perversão (Freud, 1905/2006e, p. 157). Conhecemos o poder de estrago das pulsões que nos habitam. Lolita é retratada com alguma ambiguidade ao longo das quase 400 páginas. Uma ninfeta, sedutora, ao mesmo tempo ingênua e pueril. Não temos tanta certeza quanto a sua inocência, como se algo nela pulsasse em direção aos abusos cometidos pelo padrasto. Nas palavras do autor: "Lolita já demonstrava ser bem diferente de Annabel, e que o mal nínfico que exalava de cada poro da criança fatídica que eu destinara a meu deleite secreto, tornaria o sigilo impossível, e o deleite, letal" (Nabokov, 1955/2011, p. 146). Mais adiante ele escreve: "Foi ela quem me seduziu.". Porém, em outra passagem, ele a classifica como uma órfã, "uma criança solitária, absolutamente desamparada" (p. 164).

Aqui, gostaria de evocar novamente Ferenczi, que com maestria insiste em demonstrar que o desejo da criança é por ternura, e não por sexo. Por vezes, é preciso dizer o óbvio. Lolita, uma órfã desamparada, ansiava por cuidados de um pai. Todavia, se depara com o desejo incestuoso não recalcado de quem supostamente deveria lhe oferecer ternura. Na visão do personagem narrador, é a menina que o seduz. É atribuído a ela um poder que ela não tem. A confusão de línguas instaurada. O trauma em cena.

Pergunto-me: se Lolita fosse escrito por uma mulher e narrado pela própria menina, a enxergaríamos como uma ninfeta possuidora de tantos poderes? Nas pesquisas literárias sobre o tema, chegou às minhas mãos um livro de ficção intitulado *Minha sombria Vanessa*, da autora americana Kate Elizabeth Russel, publicado em 2020. Para minha satisfação de leitora, encontrei ali o que eu buscava. Trata-se de um romance sobre a vida de uma menina de 15 anos que se envolve sexual e emocionalmente com seu professor de literatura de 42 anos. No livro, *Lolita* é citado várias vezes, é como se a autora tivesse se proposto a contar a versão das ninfetas. Em uma narrativa nada óbvia nem previsível, sem cair em clichês, a autora consegue fazer o leitor adentrar as profundezas da complexidade de uma relação abusiva.

Por anos, a personagem acreditou ter vivido uma história de amor, sentia-se especial. Presa ao trauma, acreditava estar vivendo uma paixão. A bagunça de sentimentos e desejos ilustra de forma clara a teoria de Ferenczi sobre a confusão de línguas, é como se o texto científico tivesse se desdobrado em um romance. Está tudo ali: a confusão, a identificação com o agressor, o trauma real, a impossibilidade de sublimar. É um exemplo perfeito do que ocorre do ponto de vista de quem sofre o abuso. Há momentos em que o abuso fica explícito, como quando o professor pede que ela diga: "te amo, papaizinho" (p. 157), enquanto ele se masturba. Porém, em outras passagens, há cenas de carinho, quase ternas entre ele e a menina, momentos em que ela acredita estar sendo amada de uma forma especial.

Vanessa entra na vida adulta ainda presa nesse relacionamento; na medida em que cresce, vai sendo descartada pelo professor. Aos 32 anos, segue pensando nele diariamente. Tem uma vida medíocre, o potencial criativo que apresentava aos 15 anos está arruinado. Não tem amigas, nem namorado, tem um emprego qualquer, e uma vida sexual atordoada pelas cenas vividas no passado. Típico do trauma, a pulsão não encontra outra via de satisfação, a não ser a compulsão em busca do mesmo. Lembranças a invadem todos os dias, e a personagem vai nos mostrando como sua vida foi interrompida. A possibilidade de fantasiar, e com isso criar, foi destruída pela realização da violência sexual precoce.

Talvez *Lolita* e *Minha sombria Vanessa* nem sejam bons exemplos do que estou tentando apresentar. Por serem histórias de abusos muito explícitos, com personagens facilmente classificáveis como perversos, acabam por desviar nossa atenção. O que trago para o debate é a ideia de que abusos acontecem por toda parte, em todo momento, mesmo quando não parecem abusos. Fica evidente o desejo sexual de homens por meninas quase crianças, e igualmente evidente o quanto esse desejo é atuado em nossa sociedade. O que insisto neste ensaio é a ideia de que o trauma real acontece todos os dias, e nenhuma menina passa impune pela sexualidade do adulto.

O que querem as mulheres?

Encaminho-me para o final deste ensaio, mas antes retorno ao seu início, no qual apresentei vinhetas de histórias que ouço semanalmente no consultório. Mônica, Ana, Maria, Jéssica, Renata e Dora apresentam em comum vivências típicas do gênero feminino. Dores que se não acolhidas em sua complexidade causal reincidirão de forma a reatualizar o trauma. Ressalto a importância da arte como auxílio na escuta. Na atualidade, felizmente temos ao nosso alcance uma vasta literatura escrita por mulheres, obras que põem luz na experiência subjetiva feminina, bem como produções teóricas de psicanalistas mulheres que hoje se autorizam a dizer de si.

Gostaria de trazer uma última citação, presente no livro *Eu sou o monstro que vos fala*, do autor Paul B. Preciado (2022), no qual ele conta que a primeira coisa que ousou fazer depois que transicionou para o gênero masculino foi andar de cabeça ereta. Quando era mulher, estava sempre de cabeça baixa ao caminhar na rua. Reconheço essa atitude em mim e nas mulheres que observo. Do que nos escondemos? Dos olhares desejosos dos outros? Do nosso próprio desejo? O fato é que, para mulheres, a questão do desejo nasce de uma grande confusão, como apontado nas vinhetas clínicas e no decorrer das linhas deste ensaio. O que querem as mulheres, se pergunta Freud em uma carta destinada a Marie Bonaparte (Gay, 1988/2012). O direito de desejar sem serem violentadas? Talvez. Precisamos escutá-las em suas singularidades para descobrir.

Referências

Amorim, M. P. (2023). *A recusa da vagina: Karen Horney, o feminismo e a feminilidade na psicanálise*. Artes & Ecos.

Corso, D. (2022). Meninas superperigosas. *Zero Hora*, 28 e 29 de maio. Caderno Animação.

Cromberg, R. U. (2004). *Cena incestuosa: abuso e violência sexual*. Casa do Psicólogo. (Trabalho original publicado em 2001).

Fanon, F. (2008). *Pele negra, máscaras brancas*. EDUFBA. (Trabalho original publicado em 1952).

Ferenczi, S. (2022). Confusão de línguas entre os adultos e a criança. In S Ferenczi. *Obras Completas Psicanálise* (Vol. 4, pp. 97-106). Martins Fontes. (Trabalho original publicado em 1933).

Freud, S. (2006a). Estudos sobre a histeria. In S. Freud, *edição standard brasileira das obras psicológicas completas de Sigmund Freud* (J. Salomão, Trad., Vol. 2, pp. 17-297). Imago. (Trabalho original publicado em 1893).

Freud, S. (2006b). Carta 52. In S. Freud, *Edição standard brasileira das obras psicológicas completas de Sigmund Freud* (J. Salomão, Trad., Vol. 1, pp. 117-119). Imago. (Trabalho original publicado em 1896).

Freud, S. (2006c). Carta 69. In S. Freud, *Edição standard brasileira das obras psicológicas completas de Sigmund Freud* (J. Salomão, Trad., Vol. 1, pp. 350-352). Imago. (Trabalho original publicado em 1897).

Freud, S. (2006d). Fragmentos da análise de um caso de histeria. In S. Freud, *Edição Standard brasileira das obras psicológicas completas de Sigmund Freud* (J. Salomão, Trad., Vol. 7, pp. 12-115). Imago. (Trabalho original publicado em 1905).

Freud, S. (2006e). Três ensaios sobre a teoria da sexualidade. In S. Freud, *Edição standard brasileira das obras psicológicas completas de Sigmund Freud* (J. Salomão, Trad., Vol. 7, pp. 121-252). Imago. (Trabalho original publicado em 1905).

Freud, S. (2006f). Escritores criativos e devaneios. In S. Freud, *Edição Standard Brasileira das Obras Psicológicas Completas de Sigmund Freud* (J. Salomão, Trad., Vol. 9, pp. 131-143). Rio de Janeiro: Imago. (Trabalho original publicado em 1908).

Freud, S. (2006g). Conferência XXIII. In Conferências Introdutórias sobre Psicanálise (Parte III). In S. Freud, *Edição standard brasileira das obras psicológicas completas de Sigmund Freud* (J. Salomão, Trad., Vol. XVI pp. 361-378). Imago. (Trabalho original publicado entre 1915-1916).

Freud, S. (2006h). O declínio do complexo de Édipo. In S. Freud, *edição standard brasileira das obras psicológicas completas de Sigmund Freud* (J. Salomão, Trad., Vol. 19, pp. 189-199). Imago. (Trabalho original publicado em 1924).

Freud, S. (2006i). Projeto para uma psicologia científica. In S. Freud, *Edição standard brasileira das obras psicológicas completas de Sigmund Freud* (J. Salomão, Trad., Vol. 1, pp. 381-520). Imago. (Trabalho original publicado em 1950[1895]).

Galvão, P. (2023). *Violência contra as mulheres em dados*. Disponível em: www.agênciapatriciagalvao.org.br. Acesso em: 13 de outubro de 2023.

Gay, P. (2012). *Freud uma vida para nosso tempo* (2. ed.) Companhia das Letras. (Trabalho original publicado em 1988).

Horney, K. (1991). A gênese do complexo de castração nas mulheres. In K. Horney, *Psicologia feminina* (pp. 35-50). Bertrand. (Trabalho original publicado em 1923).

Laplanche, J. (1992). *Novos fundamentos para psicanálise*. Martins Fontes. (Trabalho original publicado em 1987).

Larson, L. J. (2001). *Greek nymphs: Myth, cult*. Oxford University.

Marucco, N. (2002). *La estrutura del psiquismo y la cultura: ideales narcisistas e ideales culturales* (Comunicación preliminar).

Nabokov, V. (2011). *Lolita*. Alfaguara. (Trabalho original publicado em 1955).

Preciado, P. B. (2022). *Eu sou o monstro que vos fala: relatório para uma academia de psicanalistas*. Zahar.

Rivera, T. (2023). Para dissecar o falo: fetiche, violência e sedução. *Lacuna*, *14*, 2. Disponível em: https://revistalacuna.com/2023/05/10/n-14-2/.

Rodrigues, N. *Asfalto Selvagem Engraçadinha seus amores e seus pecados* (2021). Rio de Janeiro: Harper Collins.

Russel, K. E. (2020). *Minha sombria Vanessa*. Intrínseca.

Shi, D. (Diretora). (2022). *Red: crescer é uma fera*. Pixar; Walt Disney Pictures.

Sponville, A. C. (2007). *A vida humana*. Martins Fontes.

3. Maldita saia: mulheres são sempre culpadas, desde o mito do pecado original[1]

Gizela Turkiewicz
Helena Cunha Di Ciero

> *Quando abri a porta o Pedro tinha uma Faca, que colou no meu pescoço. Meu grito morreu no estômago junto com o chute que ele me deu. Caí sem acreditar naquele Pedro que arrancou meu vestido, o contato rente da Faca queimava a pele e ardia enquanto o Pedro mastigava meus peitos pronto pra arrancar o bico. Ele lambeu minhas coxas por dentro a buceta meu rosto o cu e a língua um pau revirando, entre a reza e o pulo escolhi ficar dura e estranhamente pronta pra morrer. Foi quando o xixi me escorreu as pernas. – Tá mijando em mim, sua porca? Ele arrancou o pau pra fora e fez o mesmo na minha boca. – engole essa, vadia. O gosto morno era azedo. Ele socou o pau até o fundo mais impossível da minha garganta, vomitei. O Pedro ria, disse que arrombadas como eu prestam só pra dar, e olhe lá que tem muita putinha bem mais delícia do que eu em cada esquina. Ele abaixou as calças abriu minhas pernas e meteu com pressa de olho fechado, a cara toda cerrada de gozo e nenhum ódio, o ódio agora era meu. Acabou, e eu melada. O* chão de ardósia. *O Pedro subiu as calças virou as costas e saiu.*
>
> (Bei, 2017, pp. 49-51)

1 Texto apresentado em reunião científica na Sociedade Brasileira de Psicanálise de São Paulo (SBPSP) em 15/12/2022. Publicado anteriormente na Revista *Ide*, 45(76), 65-0, 2023.

A cena é protagonizada e narrada por uma mulher que tem a vida marcada pela violência, que inaugura sua vida sexual e ao mesmo tempo a condena. Por meio da voz dessa mulher sem nome, Aline Bei *dá voz a muitas outras*, ao nos apresentar uma história marcada por um trauma que culmina na dor irreparável que ela carrega até o fim da vida. Pedro não era um desconhecido, era seu namorado. Ela não estava na rua, estava em casa. Mas ela aprontou? Teve desejo por outras pessoas? *Só podia ser puta, queria dar. O estupro é uma condenação pela curiosidade, pelo desejo, pela vida pulsante que brota no despertar da adolescência.* Pela fragilidade de ser mulher.

Este ensaio é baseado em fatos reais e qualquer semelhança com a realidade não é mera coincidência. As notas pertencem a mulheres anônimas, cujo sigilo está preservado, e ao mesmo tempo revelam experiências tão comuns, tão próximas, que poderiam até ser identificadas. Uma prima, uma paciente, uma amiga. Certamente, não haverá uma única mulher que leia e não se identifique. E essa identificação comum é a dor compartilhada. Mirem-se no exemplo de todas essas mulheres, que fazem parte de nossa clínica, de nossa vida, de nossas lembranças. Que suportam a violência, se resignam e se desvitalizam, serenas, mulheres de Atenas: "Elas não têm gosto ou vontade, nem defeitos, nem qualidades, tem medo apenas" (Holanda & Boal, 1976).

Um crime comum

Apesar de o estupro ser criminalizado no Brasil desde seu primeiro Código Penal, que data dos tempos do Império (Machado, 2016), a lei, escrita majoritária e por muito tempo exclusivamente por homens, sempre deixou brechas para interpretações em que a culpa recai sobre a vítima; com isso, grande parte das mulheres que sofrem agressão sexual não denunciam seus agressores. Atualmente, a expressão "cultura do estupro" é utilizada para abordar as maneiras pelas quais a sociedade culpa as mulheres vítimas de estupro e normaliza o comportamento sexual violento masculino.

Em 2020, veio a público o caso de um homem acusado de estuprar a modelo Mariana Ferrer enquanto ela estava entorpecida.

A vítima, ao testemunhar, torna-se a algoz: as roupas que usava, o lugar que frequentava, sua profissão, o uso de álcool. Não bastou que ela apresentasse provas que continham material genético do acusado; no julgamento, é explorada a ideia de um suposto estupro culposo, pois, afinal de contas, "ela provocou" e "ele não teve a intenção de estuprar" (Alves, 2020).

Na mesma época, o podcast documental *Praia dos ossos* (Vianna, 2020) reconstrói a história do feminicídio de Ângela Diniz, ocorrido na década de 1970, um crime passional em que o assassino é tratado como celebridade, num julgamento que conclui ter a vítima sido responsável por seu próprio assassinato. O veredito: legítima defesa da honra, uma lei escrita e interpretada por homens, que nos esfrega na cara que nestes mais de quarenta anos passados entre os crimes, quase nada mudou.

Em 2022, a atriz Klara Castanho, após ter engravidado como consequência de um estupro, optou por doar o bebê. Seu direito ao sigilo foi quebrado por profissionais de saúde que a atenderam e divulgaram a informação, que rapidamente viralizou na internet. Nessa situação, não temos notícias de que o agressor tenha sido julgado, mas, mais uma vez, o julgamento que a sociedade faz da vítima é implacável. Se aborta, é assassina. Se leva a gravidez adiante e doa o bebê, é desumana. Se não divulga detalhes da agressão, quer acobertar alguém. Em todo caso, é puta. Em carta aberta publicada pela atriz, ela diz:

> *Pensei que levaria essa dor e esse peso somente comigo. … Fui estuprada. … Relembrar esse episódio traz uma sensação de morte, porque algo morreu em mim. … Estava*

> *completamente sozinha. Tive muita vergonha, me senti culpada. Tive a ilusão de que, se eu fingisse que isso não aconteceu, talvez eu esquecesse... (Splash, 2022)*

A escrita deste texto nasceu de uma necessidade: em uma de nossas conversas, que são um misto de cumplicidade entre amigas e supervisão horizontal, nos demos conta de quantas mulheres sem nome deitam-se em nossos divãs, algumas ainda meninas, e revelam a nós e a si mesmas cenas de violência das quais foram vítimas, em busca de um nome para a dor da violação e de que sejamos testemunhas de que foi de verdade.

Não precisamos ir muito longe para perceber que essas mulheres estão também em nossas rodas de amigas, em nossos círculos mais íntimos e todos os dias nos jornais. "Ela dá para qualquer um, maldita Geni" (Holanda, 1978). Maldita Ângela, maldita Mariana, maldita Klara, maldita saia, maldito decote, malditas mulheres sem nome. As falas a seguir estão intencionalmente misturadas, assim como as histórias das pacientes, analistas, amigas e irmãs caminham cruzadas pela mesma maldição.

Esta é nossa tentativa de pôr a psicanálise para repensar sobre o que nos parece ser um sintoma social que se repete, mas acima de tudo é uma resposta a essas mulheres. Bendita a psicanálise, que busca a ressignificação de dores irrepresentáveis.

Duas analistas e os ecos da clínica

Existem verdades que não podem ser
reveladas, precisam ser descobertas:
(Mouawad, 2013)

Já te contei que tenho medo de homem? Outro dia saindo daqui, minha mãe queria que a gente fosse andando pra casa, mas eu não queria,

> estava anoitecendo... Sinto que, quando eu passo por homem na rua, eles ficam olhando, mexem, não me sinto segura, nem com minha mãe, ela também é mulher... Parece que tudo mudou de repente quando menstruei, no começo do ano passado, eu passei a sentir que não poderia mais ficar sozinha com um homem adulto.

Alguns dias depois, a analista caminha ao entardecer e cruza com três meninas da mesma idade de Bárbara na rua. Andavam muito juntas, com o passo apressado. Seus olhares se encontram em cumplicidade, enquanto ela se lembra de que também já teve 13 anos, amigas que andavam grudadas e o sentimento de que andar pela rua não é seguro para as meninas-mulheres. Lembra-se também da paciente adolescente da semana anterior chegando assustada à sessão. Era a primeira vez que vinha a pé para análise, nunca tinha usado barriga de fora e estava se sentindo bonita naquela terça. Ao descer do ônibus, escuta de dois homens bem mais velhos: "Vou te arregaçar todinha". Caminha chorando, e chega à sessão como quem acorda de um pesadelo.

A escritora Rosa Montero (2020, prólogo) descreve seu trajeto no metrô a caminho da escola:

> *Não houve um único dia em que eu estivesse livre de uma mão na bunda, ou de alguém se esfregando em mim pelo menos uma vez nos trajetos. Sobretudo nos primeiros anos, quando eu era menor e mais indefesa.... Desenvolvi habilidades de fazer ouvidos moucos para não escutar as barbaridades que jogavam sobre nós quando andávamos na rua. Eu era especialista em mudar de fileira toda vez que no cinema alguém vinha encostar a mão em mim. Tudo isso faz parte da paisagem de minha infância desde os 10 anos. Nós, meninas, éramos como gazelas assustadas tentando escapar dos leões, resignadas diante de uma*

> *realidade aterradora e humilhante, mas infelizmente normal. (p. 15)*

Por sua vez, as leis da selva são mais respeitosas com as fêmeas que a civilização. As leis do mal-estar da feminilidade estão introjetadas pelas mães, avós e amigas que nos rodeiam, e são transmitidas numa herança transgeracional silenciosa, que de muitas maneiras nos ensina a calar e nos resignar diante das múltiplas formas de violência contra a mulher, como quem entende que são parte inexorável de nossa existência.

Trachtenberg (2017) apresenta a ideia de Benghosi de "traumatismo como herança", que designa situações em que o fato traumático sofrido pelo progenitor é transmitido ao descendente, mesmo sem nunca ter sido mencionado. Para esse autor, há um risco constante de que o traumatismo psíquico sem possibilidade de elaboração psíquica seja repetido durante as gerações seguintes, que são compulsoriamente atravessadas pela pré-história familiar. As gerações futuras têm de lidar com uma experiência traumática que não é própria, mas sim daqueles de quem dependem psiquicamente. A transmissão transgeracional possui esse caráter invasivo que percorre os sujeitos e as gerações, como um lençol freático que flui silencioso nos subterrâneos da terra inconsciente e paulatinamente umidifica a malha do aparelho psíquico.

A psicanálise nasce do olhar de Freud para a sexualidade feminina e seus conflitos manifestos na sintomatologia histérica. Em 8 de dezembro de 1895, ele escreve a Fliess: "na raiz da histeria há sempre o conflito, o prazer sexual possivelmente é acompanhado pelo desprazer" (Masson, 1985, p. 154). Essa carta é contemporânea ao Manuscrito J, em que ele se debruça sobre um caso de histeria, mas, ao escutar sua paciente, ao mesmo tempo questiona sua verdade:

> *uma sensação na parte mais baixa do corpo, uma câimbra e a necessidade urgente de urinar. ... A insinceridade das mulheres começa por elas omitirem os sintomas sexuais característicos ao descreverem seu estado. Portanto, tratara-se realmente de um orgasmo. (p. 156)*

Até então, o trauma sexual como origem da histeria tinha para Freud *status* de descoberta, ideia que ele próprio revê na famosa carta de 21 de setembro de 1897, quando escreve: "não acredito mais na minha neurótica". E considera que a necessidade da presença concreta de um trauma para a formação sintomática seria o mesmo que afirmar serem perversos todos os pais. É quando ele privilegia a fantasia, ao afirmar: "não se pode distinguir entre verdade e ficção afetivamente investida" (Masson, 1985, p. 264).

Ao mesmo tempo que Freud dá voz às mulheres por meio da psicanálise, desde um tempo em que elas eram consideradas desprovidas de subjetividade, ele questiona a honestidade de sua narrativa. A metapsicologia freudiana, centrada na presença ou ausência do falo, torna a mulher alguém com algo que falta, seja o falo ou a verdade. Não podemos esquecer que sua teoria é escrita com base na óptica e na experiência de um homem que viveu em seu tempo, o que se manifesta em muitas passagens de sua obra, que deixa diversas lacunas a respeito da feminilidade, como é reconhecido pelo próprio autor.

Em 1933, na conferência sobre a feminilidade, o autor segue se debatendo com o enigma da mulher, que permanece sem resposta (Freud, 1933/2011). E deveria ter resposta? É possível resolver esse enigma sem ser mulher? Parece-nos que, por fim, ele se resigna à incompreensão, ao propor: "se quiserem saber mais sobre a feminilidade, interroguem suas próprias vivências, ou dirijam-se aos escritores, ou esperem até que a ciência possa dar-lhes informação mais profunda e coerente" (Freud, 1933/2011, p. 293). Disso, o que nos ocorre é que, para conhecer as mulheres, é preciso nos escutar. Mas não tomemos esse ato de forma leviana, essa escuta precisa buscar constantemente se descentrar da estrutura patriarcal, que ouve a mulher com base em uma perspectiva masculina, seja o ouvinte homem ou mulher.

Ainda que Freud tenha sido rodeado por analistas mulheres, os principais lugares ocupados por nós na história da psicanálise são de pacientes, os analistas que se tornaram clássicos são quase todos homens. As primeiras mulheres psicanalistas por muito tempo ficaram à margem, como se seus escritos fossem considerados de segunda classe, e só mais recentemente têm sido resgatados por pensadoras contemporâneas em busca de uma compreensão da sexualidade feminina com base no olhar da mulher.

Muito antes de Freud interrogar-se sobre o que quer uma mulher, Lou Andreas-Salomé (2007) busca uma resposta olhando para dentro de si e da sociedade em que vivia, no ensaio "O ser humano como mulher", de 1899. Ela propõe que a mulher vive o sexual em toda a estrutura de seu ser, muito além das funções femininas ou maternais, possibilitando que sempre emerja algo de novo para a totalidade da existência. No entanto, aponta o fato de que a sexualidade feminina é represada, guardada por cem portas de ouro, pois, ao contrário dos homens, as mulheres não tinham direito à individualidade e eram socialmente consideradas como parte de um grupo indiscriminado. Assim, a fala do homem sobre a mulher "tanto vale uma, como outra" atribui a todas características estereotipadas como humildade, subordinação, cuidado com o outro, pureza, religiosidade, que supostamente seriam predisposições naturais, mas servem para mantê-las infantilizadas e submetidas, num apagamento da individualidade e da criatividade, impedidas de ocupar espaços reservados a homens e de ampliar suas possibilidades.

Mais adiante, em 1910, ela propõe que a imagem da virgem aproxima-se da concepção da prostituta: ambas se submeteriam a uma entrega sem escolha, sem prazer, a motivações sexuais externas a elas.

A prostituta e a virgem conectam-se como caricaturas da mulher, tocam-se nos extremos, o corpo da mulher não é dela, ou é morada do filho de Deus ou é lugar de desfrute, o que simbolicamente a condena a passividade e submissão (Andreas-Salomé, 2007).

Muitos leitores e interlocutores de Freud consideram que ele abandonou a teoria do trauma cedo demais. Um dos primeiros foi Ferenczi (1933/2011), que retoma a importância do traumatismo real, em especial, do sexual, na formação sintomática. Ele propõe que a sedução incestuosa se dá quando, na relação amorosa entre adulto e criança, há uma confusão de línguas em que a fantasia infantil se passa no registro da ternura e o adulto atua no registro erótico de uma pessoa madura. Essa assimetria faz com que a criança sinta-se física e moralmente incapaz, submetendo-se ao agressor por medo da perda do amor. Repetidos traumas dessa natureza levariam a uma série de clivagens no eu, resultando na dissociação observada na histeria.

Posteriormente, Laplanche (2015) propôs a ideia da "situação antropológica fundamental", em que nenhum ser humano escaparia dos efeitos da sedução. Em toda relação entre adulto e criança, o inconsciente sexual do adulto impõe-se sobre o inconsciente da criança, numa relação assimétrica que torna a sexualidade traumática em sua origem. Nesse sentido, ainda que nem todo pai seja perverso, todo pai ou mãe é um adulto que também teve a sexualidade infantil permeada por essa violência, o que seria transmitido de geração em geração.

A assimetria adulto-infans inverte a lógica das primeiras identificações. Laplanche considera que é o adulto e o grupo social mais próximo à criança que lhe impõem suas primeiras identificações, e não a criança que se identifica com o adulto. Assim, o que se passa é uma identificação pelo adulto, e não uma identificação com ele. Quando uma menina chega ao mundo, salvo em poucas exceções, ela receberá os primeiros cuidados de uma mulher (ou de várias), e por sua vez também as marcas do medo, da violência e da culpa vividos pelas gerações anteriores. Tal qual uma marca de nascença que é herdada.

Carolina procurou análise, pois sofria com seu comportamento sexual: embora não conseguisse ter prazer, dizia-se uma pessoa "transuda". Trazia histórias de muitos parceiros, o que em nada parecia a marca de uma mulher livre, como ela se descrevia, mas o enredamento numa espécie de compulsão sexual, parecia que ninguém era capaz de satisfazê-la: "Às vezes eu nem quero transar, faço só porque estou ali, não consigo falar não, mas não consigo gozar".

Aos 17 anos, foi assediada por um professor, e embora tenha contado ao pai e a família denunciado, ele segue lecionando no colégio. A justificativa dada pelo coordenador foi que provavelmente tudo isso aconteceu por ela ser muito bonita.

"Como faltavam semanas para o vestibular, acabei ficando na escola mesmo assim e cruzava com ele no recreio. Era muito constrangedor."

No mesmo ano, fez uma viagem com os colegas.

> *Quando acordei estava toda ensanguentada, pelada, no box do banheiro. Com uma dor enorme na vagina... Me lembro tão pouco daquela noite. Todos nós bebemos tanto, era a viagem de formatura, eu estava ficando com o Roberto da minha classe. Sei que num dado momento acabou a luz no hotel, e, desse momento em diante, já não me lembro de mais nada, só de acordar, nua.*

Durante a análise de Carolina, a analista vai se dando conta de que ela sofreu um estupro. Mas o trabalho da análise muitas vezes consiste em esperar até que a paciente possa compreender o que aconteceu, então silenciava por saber que, se fizesse uma intervenção, seria mais uma violência, como forçá-la a olhar para a luz após um longo tempo de escuridão. Ouvir a paciente trazia a imagem de estar num campo minado, resguardado por muitas defesas, particularmente a negação, que funcionavam como guardas de um tesouro precioso, ou uma caixa de Pandora que deveria ser aberta com cuidado e delicadeza, tamanho seu efeito tóxico. Até que um dia Carolina lhe disse bem baixinho, durante uma sessão: "Sabe, acho que o que aconteceu comigo na festa de formatura é que eu fui estuprada".

A história de Carolina se mistura e se confunde com a de Beatriz, com a da personagem de *O peso do pássaro morto*, de Aline Bei, e as de tantas outras mulheres.

> *Eu estava no começo da faculdade e peguei uma carona com o Zé. Ele parou o carro e me beijou. Até aí, tudo bem... Aí ele falou: vamos pro motel. Eu não queria transar, mas, quando falei isso, ele travou a porta do carro. No caminho, pensei: fodeu, não adianta gritar, chegando lá eu vejo o que faço. Foi humilhante, eu só queria que acabasse logo, e ele me chamava de porca enquanto me comia. Quando acabou, fui no banheiro, e ele escondeu minha roupa, me ameaçou para que eu não contasse para ninguém; eu demorei para entender o que estava acontecendo, meu corpo inteiro começou a pipocar, eu tive uma reação alérgica, minha boca ficou inchada, foi horrível... Quando contei para minha analista da época, ela me disse que era isso que acontecia com moças que não se dão ao respeito. Demorei muito para falar disso com outras pessoas, foi só quando pude começar a conversar com você e com minhas amigas que me dei conta de que tinha sido um estupro.*

Beatriz foi duplamente violentada, pelo estupro e pelo descrédito. A reação alérgica denuncia a brutalidade da invasão, mas ela mesma por muito tempo duvidou se a experiência havia sido real. O sentimento que ficou foi o de estar vazia, desconectada do próprio corpo. Sentia-se um lixo, pensava: se ele não queria que ela contasse para ninguém, por que tinha vergonha de ter "transado" com ela?

Beatriz e Carolina têm em comum o fato de terem sido estupradas por homens conhecidos e terem sofrido uma segunda violência ao não poderem compartilhar com ninguém o que havia acontecido, nem consigo mesmas. Elas também têm em comum o fato de se sentirem responsáveis pelo que aconteceu, seja por serem bonitas ou por não se darem ao respeito, por serem "transudas". Para elas, a análise tornou possível que fossem nomeadas experiências vividas e não pensadas, violências que ficaram manifestas em seus corpos como feridas que não cicatrizam. Aquilo que nunca foi dito finalmente encontra um lugar de pouso, o que nos faz pensar sobre uma sociedade patriarcal que submete e adoece as mulheres, produzindo sintomas com base naquilo que cala.

A negação, ou o desmentido, de um relato por parte de uma figura de confiança pode ter efeitos tão ou mais deletérios que a própria violência vivida (Kahtuni & Sanches, 2009). É preciso coragem para uma mulher vítima de violência poder falar sobre a experiência, que muitas vezes envolve lapsos de memória, sentimentos ambivalentes e extremamente dolorosos. Ao encontrar dúvida ou desconfiança no outro, isso faz com que ela própria passe a duvidar de suas percepções, e assim suas dores vão ficando guardadas em partes inacessíveis de si mesma e retornam como sintomas.

Para nós, analistas, encontrar com tamanha frequência relatos tão similares revela muito. Para poder compreender como a violência chega a cada mulher, é preciso antes dar crédito ao que elas estão dizendo aos quatro cantos do mundo. Se nem todo homem é abusador, não é toda mulher que finge. É preciso acreditar em nossas neuróticas. Quando consideramos a violência como um desejo reprimido, nos colocamos transferencialmente no lugar do agressor e, em vez de testemunhar e ressignificar a experiência, repetimos e perpetuamos o trauma.

Ao considerarmos a sexualidade igualmente traumática para homens e mulheres, corremos o risco de retornar a uma situação semelhante à da teoria inicial das neuroses, que minimiza os efeitos do trauma real. A clínica e a realidade nos revelam que as mulheres são as maiores vítimas de violência sexual. Em muitos aspectos, a sexualidade não é igual para homens e mulheres, e há aqui uma outra assimetria que não parece derivar apenas da diferença do complexo de Édipo entre eles e elas, mas de algo que é moldado socialmente ao acreditarmos que a violência faz parte das relações para os meninos, enquanto ensinamos as meninas a falar baixo, ser delicadas e não brigar.

> *As mulheres são inerentemente culpadas e cresceram esperando tão pouco dos homens, que a ideia de vê-los como criaturas selvagens e sem autocontrole é de certa forma aceitável. Ensinamos as meninas a sentirem vergonha. Fecha as pernas, olha o decote. Nós as fazemos sentir vergonha da condição feminina, elas já nascem culpadas, crescem e se transformam em mulheres que não podem externar seus desejos. Elas se calam, não podem dizer o que realmente pensam, fazem do fingimento uma arte. (Adiche, 2015, p. 36)*

Chimamanda Adiche traz luz à ideia de Freud da insinceridade da mulher. As mulheres vivem tão familiarizadas com o medo que sentem que precisam constantemente se defender, se desculpar ou se calar.

Ainda que possa ser compreendida, a real condição de ser mulher se revela quando sentida na própria pele. Rosa, uma advogada com ampla experiência em defesa da mulher, sofreu seu primeiro assédio aos 45 anos, numa situação profissional. Embora tenha se defendido, seu primeiro pensamento foi: "Onde estava com a cabeça quando vim trabalhar com esse decote?". Foi quando ela percebeu que, por mais letrada que fosse, naquele momento finalmente alcançava o que todas suas clientes sentiam. As leis que tanto protegeram, vieram secundariamente. Em primeiro lugar, seu pensamento constatou que ser mulher é estar sempre no banco dos réus. Mulheres são sempre culpadas, desde o mito do pecado original.

Embora existam verdades que não possam ser reveladas, mas precisam ser descobertas, acompanhar o momento dessa descoberta é bastante dolorido contratransferencialmente. Dor suscitada por nossa própria experiência de ser mulher, e que prescinde de interpretação, pelo contrário, antes precisa ser acolhida, testemunhada e nomeada. E, quando *é possível reconhecer a violência como verdade e não ilusão*, abre-se espaço para a investigação do impacto do trauma sofrido por cada mulher, possibilitando a busca de simbolização de dores muitas vezes irrepresentáveis. Nesse sentido, o estar junto da dupla analítica pode ser transformador por si só.

É melhor não dizer nada

> *Dizia o escritor Eduardo Galeano que, ao fim e ao cabo, o medo da mulher à violência do homem é o espelho do medo do homem à mulher sem medo. Soa bem, mas o conceito me parece confuso. Como não ter medo, se o mundo conspira para nos assustar? Mulheres sem medo há muito poucas, exceto quando nos agrupamos, então nos sentimos invencíveis. (Allende, 2020, p. 113)*

Rita é uma jovem profissionalmente bem-sucedida que se casou com um homem que tem um histórico de negligência familiar na própria infância. Encantada por ele ser um *self-made man*, desde o namoro ela o percebe como alguém extremamente inflexível, mas se esforça para não ver alguns sinais. Após o casamento, ela se vê progressivamente submetida: ele passa a controlar seu dinheiro, começa a questionar como ela se veste e a manipulá-la para que deixe de ver sua família. Perplexa, ela assiste a uma escalada de agressividade vinda dele em que gritos passam a ser frequentes, ele chega a trancá-la em casa, e perde o controle numa discussão, segurando-a com força pelos braços. Ela então se dá conta de que, depois disso, viria um tapa. Quis fugir, mas era noite, e estavam na casa de campo, se saísse andando sozinha pela estrada escura, seria estuprada.

> *Não contei isso a ninguém, não sei como meus pais reagiriam se soubessem, mas sinto que preciso que alguém saiba do que está acontecendo, preciso contar para alguém... No dia seguinte fui à farmácia e tomei a pílula do dia seguinte, não quero pensar que engravidei neste dia, não sei nem se ainda quero engravidar.*

Luiza é uma médica que escuta da mãe de sua paciente de 16 anos que a filha fará uma cirurgia plástica com o dr. Fulano de Tal. Luiza congela, imediatamente se recorda que anos antes, ela própria procurou o mesmo médico para um procedimento e foi assediada. A lembrança dele se transformando de médico em monstro enquanto a acariciava ainda hoje a paralisa. Ela, enquanto adulta, conseguira se desvencilhar, mas não sem sequelas. Consulta colegas próximas sobre qual a melhor maneira de agir, eticamente, mas sem deixar a paciente à mercê do médico. No grupo de WhatsApp "meninas da faculdade", a fala de uma das colegas a convence a fazer algo a respeito: "Se fosse minha filha, gostaria de saber".

Então, considerando a vulnerabilidade de sua paciente, decide contar para a mãe da jovem uma meia-verdade: "Tenho algo a lhe dizer sobre o dr. Fulano de Tal... Tenho uma prima que foi operada por ele e sofreu assédio. Diante disso, considero que vocês poderiam reavaliar a realização do procedimento com ele". A resposta da mãe da paciente para Luiza foi: "Entendo... Mas vai saber o que ela fez para que isso acontecesse, né?". Ela insiste: "Se realmente optarem pelo procedimento, não deixe sua filha sozinha com ele". A conversa se encerra, e Luiza fica com a fala da mãe da paciente ecoando a voz de sua própria mãe quando lhe contou o que aconteceu: "Minha filha, em hipótese alguma deixe que alguém saiba disso. É melhor não dizer nada e encerrar essa história".

Em reflexão sobre o silêncio das mulheres, Silvia Lobo (2022) escreve sobre as diferentes formas de manifestação que ele pode representar. Entre elas, considera que o silêncio se estabelece quando abandonamos a expectativa de sermos vistas, ouvidas e consideradas como cidadãs, mães e pessoas; é uma não resposta à palavra vigente – dominante, dominadora, excludente. Muitas vezes, as mulheres se calam pela certeza de não serem ouvidas ou pelo medo do julgamento do interlocutor: um silêncio estratégico.

Para que dizer se vai se repetir? Se entre gerações, mulheres terão que se resignar a ter em sua biografia experiências como essa? Se há uma violência sexual herdada a ser computada que se repete num pacto silencioso permanente?

Virginia Woolf (2014) afirma: "A maior glória de uma mulher é não ficar falada, a publicidade é algo detestável para uma mulher. A anonímia está em seu sangue. O desejo de ficar escondida a toma por inteiro" (p. 75).

O que a revelação de um assédio ou de um estupro tem de tão ameaçador, mesmo para as próprias mulheres? Mirem-se no exemplo das mulheres de Atenas, que espelham o monstro que habita em tantos. E nós como analistas? Podemos nos indignar com a barbárie se repetindo? Por que não seria nossa tarefa validar ativamente a dor dessas jovens para que elas possam vislumbrar um futuro menos opressor?

Isabel Allende (2020), renomada escritora chilena e defensora dos direitos das mulheres, escreve:

> *A violência contra as mulheres é universal e tão antiga quanto a própria civilização. Quando se fala de direitos*

> *humanos, na prática se fala de direitos dos homens. Se um homem é surrado e privado da liberdade, é tortura. Se uma mulher suporta a mesma coisa, chama-se violência doméstica, que na maior parte do mundo ainda é considerada assunto privado. (p. 111)*

A naturalização da violência contra a mulher deixa marcas na subjetividade e na sexualidade femininas, que se constituem permeadas pelo medo, pela constante ameaça à integridade do corpo e pela incerteza do direito à defesa. Desde cedo, as meninas aprendem a ir ao banheiro acompanhadas. Já adultas, mulheres pensam duas vezes antes de entrar em um táxi sozinhas. Não é à toa que nos sentimos mais fortes quando estamos juntas, em boa companhia.

Unimos nossa voz à de Isabel Allende, e ainda à de Rosa Montero, entre tantas outras mulheres que não podemos aqui nomear.

> *Dizíamos e nos dizíamos, é assim mesmo. Mas não, acontece que o mundo não é assim. E acontece que sua mudança depende em boa medida de nós mesmas. Portanto, minhas irmãs, vamos abrir nossa goela de dragão e cuspir fogo. (Montero, 2020, p. 4)*

Este texto é nosso grito de esperança e de socorro, por nossas filhas, amigas e irmãs. Enquanto escrevíamos, todos os dias deparávamos com novos relatos da clínica e da literatura que nos faziam pensar mais e mais, nos questionando: quantas mulheres mais precisam levantar sua voz para que sejamos ouvidas? Mas correríamos o risco de permanecer debruçadas sobre o tema, num trabalho interminável, resguardadas em silêncio. Ainda que haja muito o que possa ser dito sobre a violência contra a mulher, é hora de levantar nossas vozes e apostar que a psicanálise é capaz de acolher as dores de sermos mulheres, em um mundo tão hostil para com o feminino, e considerá-las por outros vértices além daqueles que já são nossos velhos conhecidos. Não foi a saia, ou o decote, mas é preciso romper o silêncio, maldito silêncio. Que saibamos afastar de nós esse "cale-se".

Referências

Adiche, C. N. (2015). *Sejamos todos feministas*. Companhia das Letras.

Allende, I. (2020). *Mulheres de minha alma: sobre o amor impaciente, a vida longa e as boas bruxas*. Bertrand Brasil.

Alves, S. (2020). Caso Mariana Ferrer e o inédito "estupro culposo". *The Intercept Brasil* [site]. https://theintercept.com/2020/11/03/influencer-mariana-ferrer-estupro-culposo/

Andreas-Salomé, L. (2007). *El erotismo*. Jose Olañeta Editor.

Bei, A. (2017). *O peso do pássaro morto*. Nós.

Ferenczi, S. (2011). Confusão de línguas entre os adultos e a criança. In S. Ferenczi, *Obras completas* (Vol. 4). WMF Martins Fontes. (Trabalho original publicado em 1933).

Freud, S. (2011). Novas conferências introdutórias à psicanálise. In S. Freud, *Obras completas* (Vol. 18). Companhia das Letras. (Trabalho original publicado em 1933).

Holanda, C. B. de (1978). Geni e o Zepelim. In C. B. de Holanda, Ópera do malandro (álbum). Philips, 5'30".

Holanda, C. B. de, & Boal, A. (1976). Mulheres de Atenas. In C. B. de Holanda, *Meus caros amigos* (álbum). Philips, 4'25".

Kahtuni, H. D., & Sanches, G. P. (2009). Desmentido. In H. D. Kahtuni, & G. P. Sanches, *Dicionário do pensamento de Sándor Ferenczi: uma contribuição à clínica psicanalítica contemporânea*. Elsevier.

Laplanche, J. (2015). A partir da situação antropológica fundamental. In J. Laplanche, *Sexual: a sexualidade ampliada no sentido freudiano 2000-2006*. Dublinense.

Lobo, S. (2022). *O silêncio das mulheres e outros mais*. Leader.

Machado, N. (2016). Uma breve história sobre o crime de estupro. *Jus.com.br* [site], 27 jul. https://jus.com.br/artigos/51014/uma-breve-historia-sobre-o-crime-de-estupro

Masson, J. M. (1985). *The complete letters of Sigmund Freud to Wilhelm Fliess (1887-1904)*. Belknap Harvard.

Montero, R. (2020). *Nós, mulheres*. Todavia.

Mouawad, W. (2013). *Incêndios*. Cobogó.

Splash (2022). A íntegra da carta aberta de Klara Castanho sobre doação de bebê e estupro. In *Splash Uol* [site]. https://www.uol.com.br/splash/noticias/2022/06/26/a-integra-da-carta-aberta-de-klara-castanho-sobre-doacao-de-bebe-e-estupro.htm?cmpid=copiaecola

Trachtenberg, A. R. C. (2017). Transgeracionalidade: sobre silêncios, criptas, fantasmas e outros destinos. *Revista Brasileira de Psicanálise*, 51(2), 77-89.

Vianna, B. (2020). *Praia dos ossos* [podcast original em 8 episódios]. In *Rádio Novelo* [site]. https://radionovelo.com.br/originais/praiadosossos/

Woolf, V. (2014). *Um teto todo seu*. Tordesilhas.

4. No campo dos problemas alimentares: sobre a mentalidade de dieta e outros interpretantes

Luciana Saddi

Introdução

A clínica psicanalítica contemporânea tem observado o crescimento dos problemas alimentares e a complexa relação entre psique e mundo atual. Na origem dessa complexidade, encontram-se múltiplos aspectos indissociáveis e históricos. Não por acaso, o aumento das queixas ligadas a peso, corpo e comida na clínica problematizam a relação entre psicogênese infantil e cultural. Referem-se ao entrelaçamento dos níveis intrapsíquico, psicopatológico e sociocultural – característica daquilo que se habituou denominar de *novas patologias*. A psicopatologia que concebia a doença individual em oposição à sociedade não se sustenta mais diante de sintomas e signos que expressam campos culturais inconscientes. Os tradicionais eixos do pensamento psicanalítico – constituição, cultura e relação infantil – inter-relacionam-se e tornam-se desafios teóricos e clínicos para a compreensão e o tratamento desses quadros. Em outras palavras, quando a mãe ou os cuidadores tratam do bebê, eles lhe transmitem a cultura. O patrimônio cultural é introduzido no bebê via *handling*, *holding* e *reverie*, pela linguagem, pelo inconsciente e pelas fantasias dos cuidadores.

É necessário rever alguns fatos históricos que remontam à era vitoriana e aos cuidados com o corpo, a alimentação e a saúde. Essa revisão é importante para a melhor compreensão do controle social sobre o corpo e a consequente relação com o aumento dos problemas alimentares, além do crescimento das queixas sobre gordura e comida na clínica psicanalítica.

Mais à frente serão reunidos alguns interpretantes – como considerados na teoria dos campos (1971/2001) – definidos como todo o saber que nasce da clínica e é transformado em instrumento de interpretação. Esses interpretantes estão organizados tanto numa perspectiva feminista quanto psicanalítica. Por fim, serão apresentadas modificações técnicas introduzidas em meu trabalho clínico, a partir da dificuldade em alcançar sofrimentos relacionados aos transtornos alimentares e sintomas ligados à compulsão de comer.

Um pouco de história – A era vitoriana

A sexualidade, intrinsecamente ligada à instituição do casamento, era impedida, como demonstraram Peter Gay (1988/2000) e Freud (1908/1996) a respeito da era vitoriana. Não era possível desfrutá-la antes do matrimônio e experimentar o amor carnal, excitação sexual, desejo. Após o casamento, quando essa sexualidade se tornava permitida, tantos anos de impedimento acabavam por afetar a curiosidade e a liberdade para a exploração erótica. Homens pouco preparados e mulheres frias, uma consequência de tais proibições, compunham a maioria. Embora aos homens fosse permitida vida dupla e sexo fora do casamento, para as mulheres não havia tal concessão; sendo assim, o corpo erógeno e o desejo permaneciam envoltos em névoas e limitados por tabus. A repressão sexual era bastante severa e abrangente. Além disso, as estatísticas da época apontavam para uma taxa de morbidez e mortalidade feminina superior à dos homens, justamente na época das guerras napoleônicas, quando a mortalidade masculina era significativamente elevada. A medicina da era vitoriana acusava o fatalismo insuperável da natureza feminina para justificar os dados estatísticos que assombravam a vida de meninas e mulheres. Kehl (1998 *apud* Knibiehler) discorre sobre o modo de vida e as restrições impostas em razão da suposta fragilidade física das mulheres. "A mulher do século XIX é uma eterna doente", aponta Yvonne Knibiehler, e tal estado de fragilidade se tornava argumento contra a profissionalização, contra a exposição ao tumulto das ruas e à vida noturna, contra esforços físicos e abuso nos estudos e, naturalmente, contra excessos sexuais.

A medicina das Luzes e a opinião pública apresentavam as etapas da vida feminina como um suceder de crises terríveis, mesmo quando ausente de patologias. Gravidez, parto, puberdade e menopausa constituíam provações perigosas. A menstruação era encarada como feridas dos ovários, que comprometiam o sistema nervoso. Segundo Knibiehler (Kehl, 1998, p. 77), as causas confundiam-se com as "precauções". A dita fragilidade feminina justificava uma vida menos saudável, com menor ingestão de alimentos. A carne vermelha não constava da dieta de meninas e mulheres sob pretexto de terem difícil digestão. A falta de exercícios físicos e ar puro era comum; as moças viviam trancadas em casa, sem ventilação, sem vida ao ar livre, sem exposição ao sol. A frequência de banhos era muito baixa: uma vez por mês após a menstruação, em nome do pudor; além de, frequentemente, uma negligência maior nos cuidados maternos e acolhida não muito calorosa desde o nascimento. Afinal, se eram eternas doentes, se morriam com tanta facilidade, era mais difícil haver forte apego a elas desde o início da vida.

Não por acaso, na mesma época a histeria de conversão sofreu espantoso aumento de diagnóstico mais frequente em meninas e mulheres do que em homens. É compreensível, a partir dos preconceitos da era vitoriana, que os sintomas psíquicos femininos mimetizassem supostas doenças físicas, porque, afinal, as mulheres eram eternas doentes. Reprimidas de muitas formas, até mesmo no vestuário, que as forçava a usar corpetes excruciantes e a se expressarem por meio de doenças imaginárias sem base na biologia. Do ponto de vista histórico, a relação entre sintomatologia ou psicoplastia do sintoma parece inegável. Para Freud (Breuer & Freud, 1895/1990), em *Estudos sobre a histeria*, torna-se inequívoca a compreensão de que os sintomas conversivos, portanto histéricos, fossem maneiras de atender às exigências da censura, ou seja, de atender às forças repressivas além de, ao mesmo tempo, serem formas disfarçadas de dar vazão à sexualidade. A cultura vitoriana soube como nunca conjugar a repressão sexual ao controle social do corpo feminino por meio de critérios de saúde que hoje sabem-se inconsistentes.

E hoje? Hoje todas as mulheres são classificadas como gordas, feias e velhas. Não importa a idade, as medidas ou peso – um mal-estar permanente acomete mulheres e meninas, que sofrem procurando se adequar, moldar e modificar seus corpos e tamanhos para se ajustarem a um ideal de beleza.

Mentalidade de dieta e os dias de hoje

O cerne do problema reside na desnaturalização do ato de comer com o objetivo de construir um corpo idealizado. A alimentação mediada por tantas informações se tornou fonte de desconforto e mal-estar ao instituir uma relação perturbada com o corpo, os alimentos e a saúde. Podemos afirmar que nunca, até então, foi produzida tanta linguagem sobre comida e nunca também o corpo esteve tanto em evidência, exibido constantemente sem nenhum pudor ou esconderijo (Khouri, 2008). Os intermediários, como a indústria dos alimentos, indústria dos procedimentos estéticos, ciências, nutrição, medicina, moda, redes sociais e revistas femininas são produtores de referências estéticas, ideais de beleza e saúde e bombardeiam imagens de corpos perfeitos, sem dobras, sobras, gorduras, excessos, controlando assim as formas, o comer e até o paladar a fim de impor ideais.

Um conjunto de ditames e regras sobre o que, quando e quanto comer indica que o complexo ato de se alimentar deixou de ser guiado por sinais internos e, desconectado, passou a ser motivado por indicações externas ao sujeito, com o objetivo de alcançar corpo e saúde idealizados. Perdemos a capacidade de saborear os alimentos, saber quando sentimos fome, quando estamos saciados, quando sentimos satisfação e prazer em comer. Não conseguimos escolher os alimentos para cada momento da fome – a fobia de gordura permeia o comer e a relação com o corpo.

Observa-se que o discurso social, como figuração da moralidade, move-se da sexualidade para a alimentação (Herrmann & Minerbo, 1998/2007). A moral dietética produz culpa, prazer, punição e proibição. A comida apavora por trazer potencial ou mesmo vivência de descontrole – afinal, está sempre proibida. Antigamente era o sexo.

Como reflexo ideológico do desenvolvimento tecnológico, expulsa-se o corpo do homem. O corpo age como se fosse uma entidade autônoma, sem sujeito para habitá-lo. Ora é visto como máquina da era industrial com *inputs*, *outputs*, controle de massa magra, bioimpedância e medidas complexas. Por vezes, como imagem virtual, como se fosse possível fazer transformações que só as imagens permitem. A estética da superficialidade e do liso caracterizam o corpo na atualidade. Cresce o sentimento de inadequação e culpa, afinal, imagens são imagens, não possuem a materialidade dos corpos e por isso permanecem sempre inalcançáveis, assim como os ideais de beleza ou saúde. Dessa maneira, mulheres, independentemente de peso e medidas, costumam acusar a si mesmas de preguiçosas, descontroladas e sem vergonhas por não conseguirem o controle absoluto do comer e do corpo. As mais gordas sofrem ainda mais com a gordofobia. Julgamento, desvalorização, preconceito e humilhação fazem parte do cotidiano das mulheres. As experiências públicas, a circulação em espaços coletivos e o compartilhamento social se tornam fonte de sofrimento por medo de julgamento e constrangimento internos e externos sobre corpo e gordura.

O termo *mentalidade de dieta* é usado inicialmente por Orbach (1978) e definido como controle social e consequente mal-estar que atravessa a experiência com a alimentação e o corpo. É, ao mesmo tempo, causa e consequência da falta de autonomia alimentar. A *mentalidade de dieta* é produzida socialmente, está internalizada e regula as relações com o corpo e a comida. É transmitida pela mãe nos cuidados com o bebê. Hoje em dia, desde a amamentação, as mães se preocupam com o futuro tamanho do corpo de suas filhas: gorda ou magra? Até pouco tempo, a pediatria indicava que meninas fossem amamentadas com maior espaço de horas entre mamadas do que meninos: acreditava-se que elas sentiam menos fome do que eles.

Mulheres são vítimas preferenciais da estratégia de diminuição e desvalorização de seus corpos e sofrem por um sentimento difuso de vergonha e inibição por não se enquadrarem nos padrões de beleza que equacionam feminino, jovem e magro. Tendem ao isolamento como refúgio e defesa para dores e agressões. Procuram se enquadrar, às vezes desesperadamente, em dietas da moda na tentativa de obter um corpo idealizado e conter os sintomas típicos dos problemas alimentares, como compulsão, exagero e descontrole do comer, fobia de gordura e comida, vômitos e atividades físicas purgativas. Não percebem que, na maioria das vezes, a própria dieta é parte integrante do problema e que os sinais e sintomas descritos se desenvolvem mediante privação real ou imaginária de comida, não apenas no sentido calórico, mas também do prazer em comer os alimentos. Quando o prazer em comer está proibido, os sinais que regulam o ato de comer se tornam perturbados. Em minha dissertação de mestrado (Saddi, 2007), denominei esses sinais de psicomecânica alimentar, que incluem sinais de fome e saciedade, quantidade e tipos de alimento, horários de alimentação e privação tanto de alimentos quanto de prazer ao se alimentar. Considerei que a mentalidade e a prática de dietas alienam o sujeito dos sinais fisiológicos que regulam internamente o comer e causam perda de autonomia alimentar.

Por que o corpo? Por que as mulheres?

Segundo Berger (1972), enquanto homens agem, mulheres são vistas. Homens olham para mulheres, que percebem que estão sendo olhadas. Boa parte das relações entre homens e mulheres, além das relações entre mulheres, é determinada pelo olhar. A ênfase na aparência como uma das principais características de sua existência torna a mulher muito autocrítica, exigindo que se ocupe da própria imagem. Afinal, é a imagem que vai transmitir imediatamente quem ela é para os outros. Parte do valor feminino reside em ser agradável e atraente, portanto, é necessário se observar, se avaliar e, principalmente, se encaixar na imagem de feminilidade exibida em redes sociais, revistas, jornais, cartazes e televisão. Os meios de comunicação frequentemente apresentam a mulher num contexto sexual ou familiar, referenciando e refletindo papéis historicamente estabelecidos: objeto sexual, esposa e mãe.

Como objeto sexual

Mulheres se tornam, portanto, reféns das indústrias da moda e da dieta, as quais, por sua vez, são as primeiras a estabelecer imagens ideais e a incitar mulheres a se enquadrarem nos padrões de beleza e sensualidade por eles próprios estabelecidos. É preciso lembrar que tais padrões mudam periodicamente, levam mulheres à insatisfação e a um desconforto constante. O corpo da mulher não satisfaz do jeito que é. Precisa ser sobretudo magro, eternamente magro, somente magro. Também sem pelos, perfumado, vestido. Os modelos de feminilidade são sentidos como inatingíveis, irreais, assustadores – sempre muito distantes da realidade da maioria das mulheres.

Muitas mulheres engordam ou comem compulsivamente para evitar serem vistas como mercadoria. Alegam desejarem ser consideradas pelo que são, e não como deveriam ser. Elas se recusam a serem vistas como objetos. E podem permanecer gordas para neutralizar a própria sexualidade. A gordura é, muitas vezes, uma proteção contra investimentos sexuais externos e desejos internos, como se a proteção fosse terceirizada para a gordura e deixasse de cumprir uma função egoica. A gordura expressa revolta com a falta de poder, com a dificuldade em ser a própria referência, com ter que se parecer ou agir de determinada forma, em uma inconformidade com exigências que não representam quem se é. Nesse mesmo contexto, é frequente garotas escutarem de suas mães que, enquanto estiverem gordas, não encontrarão namorados ou maridos. Feridas se abrem nessas situações que são vividas como rejeição. A confusão entre cuidado e agressão é marca predominante das problemáticas alimentares.

Como esposa

Mesmo que se constate certo relaxamento do padrão de beleza em alguns extratos sociais, além da diminuição do ideal de casamento e filhos como garantia de felicidade e manutenção de posição social relevante, é preciso considerar que a imagem da mulher continua sendo parte importante de seu capital narcísico e social. Como esposa, para ser desejada e obter um relacionamento supostamente seguro e estável, as mulheres se tornam gerentes não remuneradas de pequenas organizações que dependem, ainda em boa medida, de seu controle diário. Dentro de casa, garantem a compra e o preparo dos alimentos, a arrumação das roupas e que tudo esteja em ordem. Costumam ser relações públicas e organizadoras de agendas complexas.

Quando a mulher ingressa no mercado de trabalho, um agravante dessa condição se exacerba. Além da aparência e dos cuidados com a imagem, a mulher precisa atender a outras diversas expectativas. Como mãe, precisa alimentar e cuidar.

Ajzenberg (2003) afirma que, no universo feminino, injunções, imagos e valores são excessivamente incrustados e pretendem aprisionamento ou paralisação. Uma menina deve; uma mãe tem; mulher não pode. Cada vez que a mulher sai dessas posições e do dever de cumprir o papel a ela atribuído, há produção de angústia, que se intensifica diante de escolhas. É a mulher-gincana, espécie de compartimentalização de diferentes "eus", sem pontes de contato, que atuam de forma ultradimensionada. A mulher vive cada um desses "eus" (mãe, esposa, profissional etc.) de forma estanque, como se fosse um conjunto de canais que, a um simples toque, mudam a programação. Numa espécie de gincana, acumula tarefas e acelera exigências e cobranças num ciclo infinito e impossível. Paradoxo: quanto mais se ocupa e realiza, mais corre o risco de se dispersar e se consumir. A vivência é de falha e erro, e, sob a atuação de um superego severo, a mulher se pune e se exaure. Fixada no cumprimento da cartilha da mulher "total", é frequentemente lançada à experiência radical de desamparo.

Como mãe

Para as mães, as necessidades de todos os familiares estão em primeiro lugar. Ela constantemente assegura que a vida dos outros transcorra tranquilamente e, para tanto, está sempre em último lugar. As necessidades de cada bebê ou familiar, além de peito, mamadeira, comida, limpeza são questões centrais, ao mesmo tempo que as mães são levadas a acreditar que não sabem o que fazem. Livros ensinam os cuidados com o bebê e depois com a criança. Conselhos autoritários e divergentes sobre a melhor forma de alimentar a família insinuam a inegável incapacidade de alimentá-los correta e satisfatoriamente. A propaganda e os meios de comunicação parecem obcecados com a "boa" alimentação. O resultado é que as mães nunca sentem que sabem o suficiente e rapidamente passam a não confiar mais nelas mesmas. Desconectam-se das próprias necessidades e, sem perceber, passam a apelar para a comida a fim de encontrar algo próprio e genuíno que parece perdido. São, de certa forma, coagidas por um ambiente inconsciente e cultural muito ligado à comida. Dão muito de si e recebem muito pouco crédito, são muito cobradas e se sentem esvaziadas.

Nesse processo, confundir-se com os outros, alimentar os outros, cuidar dos outros – é inegável que em nossa sociedade essa função é muito mais atribuída às mulheres do que aos homens – e não ter espaço para si mesma é tema frequente de muitas análises. Assim, fica difícil perceber as próprias necessidades. Muitas mulheres se sentem vazias e procuram se preencher com comida. Às vezes, a gordura ou a comida gostosa e proibida funcionam como um espaço só para si, espaço negado pelas exigências da vida. Outras mulheres acreditam que a gordura pode conferir-lhes certa solidez. O ato de comer pode se tornar uma forma de adquirir força para fazer frente a tantas exigências.

Objeto sexual, esposa e mãe

Duas características comuns, interpretantes e, portanto, oriundas da clínica são o sacrifício e a alienação. Há uma crença frequente de que a medida do amor dedicado nos papéis de mãe e esposa é definida pelo tamanho do sacrifício. Existe também uma crença de que o corpo atraente é produto de sacrifício e renúncia. Mulheres se sacrificam doando tempo, amor, cuidado e atenção; construindo um corpo atraente para produzir desejo e admiração, abdicando investimentos importantes em nome da manutenção e do bem-estar da família. Observa-se que a comida em excesso, o ato exagerado e compulsivo de comer costuma estar inconscientemente relacionado ao sacrifício. A compulsão em comer é muitas vezes usada para compensar a doação.

O excesso de privação narcísica nunca é totalmente gratuito, e mesmo em casos de masoquismo exagerado, leva à cobrança de compensação de prazer, demanda por espaço próprio e, como já afirmado antes, a mulher fica mais vulnerável à comida por condições históricas – vulnerável porque se ocupa do tema frequente e diariamente. Vulnerável porque está proibida de comer quando sente fome, pois a mentalidade de dieta se infiltra capilarmente, porque se desconecta de si para atender aos outros, porque não sabe mais intuitivamente como regular a fisiologia da fome e saciedade, por não confiar em seu corpo e em sua sensibilidade nem sequer em seus próprios pensamentos, quando surgem.

Assim entramos na questão da alienação. As mulheres tornam-se alienadas dos próprios interesses, do saber sobre o paladar, sobre as mais ínfimas questões cotidianas, inclusive o comer. Não têm, portanto, condição, tempo e espaço para cuidar dos próprios sentimentos e passam a procurar enquadrar-se em algum manual do bem viver, distanciadas de escutar o corpo e reconhecer o desejo.

Gordura e magreza

Se a gordura pode ser compreendida como rejeição simbólica à limitação dos papéis da mulher em nossa sociedade, é também preciso compreender seu papel adaptativo. Profissionais de saúde, tão preocupados em emagrecer pessoas, não se perguntam sobre a função positiva da gordura. A compulsão em comer, que pode ou não levar ao engordar, expressa manifestação complexa das relações entre mães e filhas. Entende-se que as meninas são encorajadas por suas próprias mães a abdicarem de investir nelas mesmas para prepará-las para uma vida de desigualdade. Mães e filhas estão fadadas à ambivalência e ao conflito. Essa compreensão não exclui, na verdade soma-se à leitura psicanalítica que afirma haver na base dos problemas alimentares relação fusional ou perturbada entre mãe e filhas.

Profissionais de saúde também não compreenderam os significados inconscientes da magreza, muitas vezes associada a sexualidade ou frivolidade. Mulheres atraentes ainda são consideradas incompetentes em muitos ambientes de trabalho. Há uma equação simbólica entre magreza e sexualidade, magreza e egoísmo feminino, magreza e competição por conquista amorosa. Magreza associada a papéis que contrariam o de mãe cuidadora e esposa, da mãe que se doa à família e aos filhos. Acompanha-se na clínica a dificuldade de algumas mulheres com fantasias de desvalorização quando emagrecem ou com medo de se transformarem em objeto sexual; nutrindo fantasias e medos que dificultam a manutenção da magreza adquirida após uma dieta. O aspecto protetor da gordura e o aspecto negativo da magreza devem ser compreendidos e incorporados para que pacientes sejam capazes de sustentar seus próprios corpos e desejos.

Comer emocional

Define-se o comer emocional como o comer que visa alívio de tensão, ato que toma o lugar do pensamento com as características de ato puro, portanto, que prescinde das mediações com fantasias, representações inconscientes e pensamentos conscientes. É um comer sem ligações com afetos e representações. No trabalho clínico, é possível compreender e também, principalmente, construir um cuidado com os sentimentos e pensamentos que poderiam estar na raiz dos atos puros, mas que ainda não estão, porque tudo que é vivido é descarregado em comida. O comer emocional requer um trabalho de discriminação de um conjunto de afetos, de saber sobre si, de nomeação e autonomia, tolerância de angústia, ignorância, ansiedade e ódio.

Uma das mais interessantes descobertas da minha prática clínica foi perceber o castigo e o ódio embutidos no comer e engordar, agravados por episódios de descontrole e compulsão alimentar. Em contrapartida, Susie Orbach nomeou o "comer fisiológico", guiado por sinais de fome e saciedade, não pela mentalidade de dieta. Em minha experiência, aprendi que, em seu aspecto psíquico, comer é trabalhoso, ocorre de dentro para fora e não de fora para dentro, como as dietas pretendem. Requer percepção dos sinais do corpo, aprender a ler os próprios afetos e, sobretudo, criar conexões psíquicas.

Compulsão alimentar

A compulsão alimentar tem as mesmas características do comer emocional. A definição aqui utilizada é bastante ampla: toda alimentação não guiada pelo comer fisiológico. Com isso, amplia-se o escopo e de certa forma despatologiza-se a compulsão alimentar, que passa a ser um evento frequente em quase toda a humanidade com acesso aos alimentos, não apenas referida aos gordos. Considera-se a compulsão como um sintoma, expressão de vivências dolorosas e, ao mesmo tempo, por si só um quadro diagnóstico que atrai grande carga psíquica. Às vezes, é importante abordá-la diretamente, com técnicas específicas, pois à medida que a compulsão alimentar se ameniza, surgem complexos psíquicos e aumenta a circulação de representações. Dessa forma, as queixas repetitivas e restritas a comida, corpo e descontrole se transformam em dramas como melancolia, abandono e medo; a linguagem e a intimidade clínica se ampliam.

A compulsão alimentar é também uma dobra da cultura sobre o homem, afinal, vivemos numa sociedade de consumo de massa marcada pela lógica da aquisição e compra de enormes quantidades de tudo e qualquer coisa, em enormes proporções e tamanhos. Somos consumidores. Os sintomas das *novas patologias*, como já afirmamos anteriormente, mimetizam as características da cultura.

Fome, saciedade e compulsão por dieta

Dietas e esquemas para redução de peso costumam ter altíssima taxa de reincidência e falham a partir do momento da manutenção de peso. Reforçam o estereótipo cultural relacionado a beleza e magreza como critério de saúde – como se todos os gordos fossem doentes e os magros, saudáveis – e, sobretudo, reforçam a compulsão alimentar.

Segundo Orbach (1978), as dietas e os esquemas de manutenção não se dirigem a duas questões fundamentais referentes à compulsão de comer: a vivência da fome e a necessidade de pôr um fim ao vício em comida. De fato, os comedores compulsivos não utilizam a fome fisiológica como guia para comer. Nesse contexto, a fome está já tão impregnada de outros sentidos e significados que seria estranho ou fora do comum que os comedores sentissem a percepção do sinal de fome. Uma das características mais frequentes da compulsão alimentar é comer de tal forma que o objetivo crucial é nunca sentir fome. As dietas afirmam que todas as comidas são perigosas e só a severa privação pode redimir o comedor compulsivo e/ou o gordo, assim, os mecanismos de fome e saciedade se tornam distorcidos.

Culpa e esquemas de privação continuados alteram a vivência da fome e a capacidade de satisfazê-la. Além de produzir confusão, infantilizam e reduzem a autonomia e o autocontrole ao mínimo. Quando esses indivíduos iniciam a dieta, a mesma força que mantinha a compulsão de comer se reverte em compulsão pela dieta. Come-se por compulsão e se faz dieta por compulsão, essa é a realidade da maioria dos comedores compulsivos. Sentem medo de comer – a culpa não permite saborear os alimentos ingeridos com rapidez e em grandes quantidades. Após cada episódio de descontrole surge intensa sensação desagradável de abuso, loucura, descontrole e sujeira. Não confiam no próprio corpo – mas se nunca sentiram o corpo como bom e aceitável, como seria possível acreditar nesse verdadeiro inimigo, incontrolável glutão? Como escutar o corpo, reconhecer a própria fome, saber sobre qual comida se quer comer para cada momento de fome, como perceber o sinal de saciedade?

Alienados desses saberes, despossuídos desse reduto, comedores compulsivos se veem sem recursos para enfrentar a fome, o corpo e o próprio paladar. A desfiguração desses mecanismos regulatórios leva a fome a ser percebida como força estranha que trai e seduz. Ao engordar, é comum que se adote uma postura de recusa da comida, como se aos gordos e às gordas não fosse permitido sentir fome. Insiste-se no controle do comer para sanar os problemas com a comida, mas os problemas crescem cada vez mais, com episódios repetidos de descontrole e abuso. Impotência e culpa sobrevêm e trazem consigo a desesperança. O círculo vicioso se agrava. O método da dieta se torna cada vez mais desgastante e impossível, mas não se sabe como substituí-lo.

Conclusão

A partir dos problemas alimentares encontrados em minha experiência clínica, principalmente relacionados à dificuldade em alcançar os sofrimentos condensados nos episódios de compulsão alimentar e comer emocional, e também a partir dos interpretantes descritos anteriormente de forma suscinta, considerei que, em alguns casos, era necessário um trabalho analítico com técnicas ativas, específicas, desenvolvidas por Orbach e examinadas em minha dissertação de mestrado (Saddi, 2007). Fazem-se necessárias também técnicas que visam à reconexão dos sinais de fome, saciedade e prazer em comer. É importante favorecer o autoconhecimento e a desalienção do comer para ampliar a autonomia alimentar, posto que a compulsão alimentar e outros sintomas se alteram significativamente mediante o trabalho analítico de ligação entre o comer como alívio e o comer com sentido. Tais técnicas desarmam os mecanismos do comer emocional, promovem recursos simbólicos para lidar com a comida e com os afetos.

A diminuição dos episódios de compulsão alimentar é acompanhada por ampliação dos repertórios representacionais. A introdução de algumas técnicas ativas no processo analítico deve ser vista como uma experiência clínica desenvolvida no âmbito da Alta Teoria.

Segundo a Teoria dos Campos (Taffarel, 2005), a Alta Teoria deve ser entendida como um território entre a metapsicologia freudiana e o método psicanalítico, que produz reflexões de carácter epistemológico ao descobrir um campo de conhecimento afeito à psicanálise e que se propõe estar atrás ou antes da teoria. Não é somente um desafio aos limites do modelo padrão de clínica analítica: apresenta novas formas, potencialmente eficazes, de clinicar, a partir de interpretantes e prototeorias (como a psicomecânica alimentar) referentes aos transtornos alimentares.

Referências

Ajzenberg, R. P. (2003). Clínica contemporânea: a mulher-gincana. *Jornal de Psicanálise, 36*(66/67), 259-272.

Berger, J. (1972). *Ways of seeing* (p. 47). Penguin.

Breuer, J. & Freud, S. (1990). Estudos sobre a histeria. In S. Freud, *Edição standard brasileira das obras psicológicas completas de Sigmund Freud* (Vol. 2). Imago. (Trabalho original publicado em 1895).

Freud, S. (1996). Moral sexual civilizada e a doença nervosa moderna. In S. Freud, *Edição standard brasileira das obras psicológicas completas de Sigmund Freud* (Vol. 9). Imago. (Trabalho original publicado em 1908).

Gay, P. (2000). *A experiência burguesa: da rainha Vitória a Freud, Vol. 2: A paixão terna*. Companhia das Letras. (Trabalho original publicado em 1988).

Herrmann, F. (2001). *Andaimes do real: psicanálise do quotidiano* (p. 187). Casa do Psicólogo. (Trabalho original publicado em 1971).

Herrmann, F. (2005). Clínica extensa. In L. M. C. Barone (Org.), *A psicanálise e a clínica extensa* (pp. 417-425). Casa do Psicólogo.

Herrmann, F., & Minerbo, M. (2007). Creme e castigo – sobre a migração dos valores morais da sexualidade à comida. In I. Carone,

Psicanálise fim de século (pp. 19-36). Hacker. (Trabalho original publicado em 1998).

Kehl, M. R. (1998). *Deslocamentos do feminino*. Imago.

Khouri, M. G. (2008). Corpos em evidência. In *Revista Mente Cérebro* (pp. 68-75). Duetto Editorial.

Orbach, S. (1978). *Fat is a feminist issue*. Paddington Press.

Saddi, L. (2007). *No campo dos problemas alimentares: uma técnica de tratamento psicanalítica*. Dissertação de Mestrado em Psicologia Clínica, PUC-SP.

Saddi, L. (2013). Duas formas de psicanálise e um caso clínico. *Jornal de Psicanálise*, *46*(84), 153-168.

Taffarel, M. (2005). A alta teoria: uma proposta para a recorrente questão da relação teoria-prática. In L. M. C., Barone et al. *A psicanálise e a clínica extensa* (pp. 417-425). Casa do Psicólogo.

5. O aborto é um ato filicida?

Gabriela Seben

> *Não quero ter tempo de me sentir grávida, eu disse. Tenho medo de que os hormônios me façam querer o que eu não quero, deus me livre ter outro filho, mal dou conta dos meus.*
>
> (Levy, 2024)

O aborto é um tema antigo, e sua discussão está atrelada a diversas esferas. Apesar de criminalizado em muitos países, a prática sempre existiu. Há relatos de que, tanto na Grécia quanto na Roma Antiga, a interrupção da gravidez era um ato corriqueiro, muitas vezes utilizado como método contraceptivo. A partir do século XIX, leis mais específicas sobre o aborto foram criadas sob influência do cristianismo, que aos poucos foi ganhando força no Ocidente e significou um controle mais rígido sobre os corpos das mulheres, segundo pesquisa da BBC sobre a história do aborto.

No Brasil, a lei só permite a interrupção em três casos: gravidez decorrente de estupro, risco à vida da mulher e anencefalia fetal. O Código Penal brasileiro impõe como pena de detenção de um a três anos para a mulher que realizar um aborto ilegal, praticado fora das condições previstas por lei.

Assunto polêmico e controverso, o aborto é um tabu na cultura ocidental, e a cada tempo o debate dicotômico sobre ser contra ou a favor da prática ressurge com fervor. Segundo dados da Pesquisa Nacional de Aborto (PNA) de 2021 (Diniz, Medeiros & Madeiro, 2023), uma a cada sete mulheres com idade próxima aos 40 anos já fez pelo menos um aborto no Brasil. Esse estudo apontou ainda que 39% das mulheres optaram pelo uso de medicamentos e 43% foram hospitalizadas para finalizar o aborto. Por razões socioeconômicas, a população mais vulnerável é a das mulheres negras. Meninas e mulheres, especialmente as de classe social menos favorecida, enfrentam diversas barreiras para interromper a gravidez, mesmo quando vítimas de estupro.

O panorama que se apresenta para mulheres de estratos sociais mais elevados é bastante diferente. Muitas conseguem meios de acesso ao procedimento, seja com medicamentos, seja em clínicas clandestinas. As mulheres mais pobres, no entanto, já enfrentam dificuldades de partida, no próprio acesso aos métodos contraceptivos, e acabam, por consequência, interrompendo a gestação de forma insegura.

Dados da Organização Mundial da Saúde indicam que, no Brasil, cerca de 800 mil mulheres abortam todos os anos. Dessas, 200 mil recorrem ao SUS para tratar as sequelas de procedimentos malsucedidos, um dos maiores causadores de mortes maternas no país, assunto que deveria ser tratado como um problema de saúde pública.

Em minha experiência de escuta na clínica psicanalítica, percebo um grande contingente de mulheres que já passaram por essa vivência, cada qual por um motivo diferente: pelo não desejo de ter filhos, por não ser o momento de vida mais adequado, por razões financeiras ou falta de estrutura familiar, por tentativas sem êxito de engravidar que geraram abortos espontâneos, dentre outras razões subjetivas, conscientes ou inconscientes, que podem conduzir aos mais complexos desfechos dos desejos de cada uma. Cabe salientar que este trabalho é apenas um recorte bastante circunscrito, já que se trata de uma analista branca, de classe média, que atende em sua maioria mulheres com semelhante perfil.

Culturalmente, há uma diferença na forma como são compreendidos um aborto espontâneo e um aborto que foi feito intencionalmente, e quero chamar atenção para este último, embora ambos produzam uma marca psíquica. A mulher que decide abortar de forma voluntária é tratada pela legislação como uma criminosa, passível de condenação, e o peso da decisão de violar um tabu cultural pode deixar sequelas, se não no corpo, na alma daquela que ousa abortar (Lang Lima, 2024). Por isso, é imprescindível que a psicanálise se ocupe deste assunto, que é tão corriqueiro e ao mesmo tempo ainda pouco debatido fora do âmbito legislativo, o que nos conduz a apontar para algumas hipóteses.

A maternidade idealizada

Ainda há uma forte idealização em torno da gravidez e da maternidade em nossa cultura, herança das concepções religiosas judaico-cristãs que atribuíam a estas um caráter sagrado. Na contramão dessa premissa, a filósofa Elisabeth Badinter, em 1985, ousou ao questionar a ideia de um instinto maternal natural às mulheres, desconstruindo o mito do amor materno. Não à toa sua obra, à época, foi alvo de polêmicas e críticas ferrenhas, já que rompia com a ideia fortemente enraizada de que a maior realização da vida de uma mulher seria a maternidade. Badinter explica que, na sociedade medieval, os bebês eram criados pelas chamadas "amas de leite". As mães biológicas raramente se ocupavam de seus cuidados, exceto nas camadas mais pobres. Muitas crianças acabavam morrendo vitimadas por doenças ou por falta de cuidados. Frente a índices de mortalidade bastante altos, era de interesse econômico da sociedade que os filhos sobrevivessem para trabalhar e ajudar no sustento das famílias, o que levou a uma regulação social mais imponente, que contribuiu para fomentar um discurso romantizado em torno da maternidade.

Apesar de mudanças nessas concepções, ainda hoje é esperado que a mulher que engravida sinta-se plena e realizada. Ambivalências são pouco toleradas, sobretudo quando se questiona o suposto amor incondicional de uma mãe por seu filho. A própria psicanálise, durante um período, contribuiu para o reforço desses estereótipos na medida em que a função materna era atribuída somente à mãe/mulher, sobre a qual a responsabilidade pelos filhos acabava recaindo integralmente. Hoje, sabemos que a função materna pode ser exercida por quem se ocupa da criança, independentemente do gênero. Entretanto, a idealização sobre a maternidade resiste às mudanças, e ainda incide fortemente sobre as mulheres na cultura patriarcal em que vivemos.

Foi a partir da temática do narcisismo que as questões dos ideais ganharam corpo na obra freudiana. Para Freud (1914/2004), o eu ideal refere-se a um estado máximo de onipotência, enquanto o ideal do eu relaciona-se com os problemas da lei e da ética e se apresenta diante do eu como seu ideal.

Na medida em que o eu ideal é abandonado, há uma possibilidade de abertura, de expansão psíquica em direção a um ideal de eu, que é a constatação de que não se é e nem se pode tudo. Essa busca pela perfeição ilusoriamente conquistada nos primeiros tempos de vida jamais é abandonada totalmente, sendo então projetada no ideal de eu, herdeiro do narcisismo original. Para que um eu próprio possa advir, é necessário abdicar da satisfação narcísica desse eu ideal. Entretanto, não é tarefa simples para o eu efetivar tais renúncias, sobretudo quando há um reforço em relação aos ditames que articulam os modos de ser, pensar e agir na cultura.

Para a psicanálise, a idealização faz parte da constituição subjetiva e opera também como uma importante defesa que protege o eu da ambivalência e das angústias sentidas como insuportáveis. É um processo psíquico em que as qualidades do objeto são elevadas à perfeição (Laplanche & Pontalis, 1970).

As expectativas idealizadas que recaem sobre as mulheres e a maternidade, sobretudo sobre o ato de gestar, ainda são envoltas em uma mística, que geralmente deixam de lado todos os temores e fantasias existentes na gravidez, as mudanças hormonais e corporais pelas quais a mulher grávida passará, os lutos necessários na passagem de filha para tornar-se mãe, a ambivalência de sentimentos, dentre inúmeras outras angústias que podem estar presentes.

Quando uma mulher engravida, ocorre a reedição da sua relação precoce com a figura materna. Há uma reabertura na situação originária, traumática por excelência (Laplanche, 1987). Ocorre então uma regressão libidinal ao narcisismo. Uma mulher grávida revisita, portanto, as mais íntimas impressões e vivências narcísicas. Assim se dá também com aquelas que, grávidas, decidem abortar.

O preço a pagar pela manutenção desses ideais é alto e gera uma boa dose de mal-estar às mulheres que desejam e também às que não desejam ser mães. Sobre essas últimas, mesmo hoje, com uma maior abertura nas pautas feministas e progressistas, optar por não ter filhos ainda gera impacto e estranheza. Não é incomum que se associe à mulher que não é mãe estereótipos de que é infértil, frustrada ou que tem dificuldades para se relacionar. Lang Lima (2024) assinala que o ideal em torno da maternidade ainda é tão forte que se criou uma categoria: "mãe de pet", como uma saída pela qual a mulher ainda poderá experimentar um suposto (e equivocado) lugar materno, como se este fosse imprescindível. Contudo, o que a idealização em torno da maternidade parece também nos revelar é sobre o quanto a figura da mãe onipotente, que ama seus filhos e cuida de tudo e de todos está a serviço de alimentar a fantasia narcísica de completude, ilusão que surge do desejo de evitar o contato com a vulnerabilidade humana (Alonso, 2011).

Frente ao desamparo inerente a todos nós, cria-se a ideia de que há um pai (ou, mais precisamente, uma mãe) protetor e sem falhas, que irá nos proteger das agruras da vida, ideia que vem para salvaguardar a nossa angústia frente à falta de garantias de que fomos de fato amados e desejados. Onde repousa a dúvida "será que minha mãe já pensou em me abortar?" há algo de aterrorizante com o qual não queremos nos deparar. O ódio às mulheres que abortam talvez surja daí: uma mulher que pode decidir o que fazer de seu corpo e de suas vontades ainda é ameaçadora, tal qual a bruxa má e perversa dos contos de fadas. Fato é que a manutenção da ilusão de um modelo de maternidade ideal prejudica a todas as mulheres, independentemente de suas escolhas, pois rouba-lhes a humanidade.

Ser ou não ser mãe? Uma problemática do desejo

O desejo surge a partir da falta, que levará à busca de prazer e satisfação pulsional e colocará o aparelho psíquico em movimento. Na época vitoriana, os destinos pulsionais possíveis às mulheres eram muito restritos, e a impossibilidade de dar vazão aos desejos conduzia a diversas formas de adoecimento. Observamos em Dora, Elizabeth von R., Emma e outras histéricas "clássicas" tratadas por Freud, um amplo espectro de sintomas, que iam desde a paralisia no corpo às dores de cabeça, tosse, confusão mental, dentre outros, e que não estavam associados a uma causa orgânica justificável.

Na conferência "A feminilidade", Freud (1933/2018) aponta que o desejo de ter filhos já aparece presente na relação pré-edípica com a mãe, expressa pela brincadeira com bonecas, na qual a menina inverte os papéis, fantasiando ser ela a mãe. Em um segundo tempo, na fase edípica, a menina fantasia que a boneca é produto da relação dela com o pai. Após um período de intensa hostilidade, a menina novamente se volta para a mãe de maneira identificatória. Alonso (2011) explica que, nessa etapa, a menina já não reencontra a mãe toda poderosa e onipotente da fase pré-edipiana, mas a mãe-mulher, o que torna necessário que exista uma mulher, além de uma mãe. É interessante notar que esses deslocamentos representam fluidez libidinal e não fixidez em relação a um único objeto – o filho/falo (Alonso & Fuks, 2015). Mostram também o quanto o pensamento freudiano sobre a feminilidade é heterogêneo: em determinados momentos, mãe e mulher se confundem; em outros, indica que há um processo de construção.

Freud (1933/2018) apontou três destinos possíveis para as mulheres após se depararem com a castração, sendo apenas o terceiro caminho aquele que abriria acesso à feminilidade, quando o desejo de possuir um pênis é substituído pelo desejo de ter um filho. A inveja do pênis conduz a menina para que se volte para o pai em busca do pênis do qual ele é possuidor. Sob a ótica falocêntrica da época, podemos observar a ideia de que a mulher busca uma compensação para a sua inferioridade anatômica. Sendo assim, uma mulher só estaria plenamente realizada quando capaz de gerar um bebê, ainda mais se este fosse um menino, pois estabeleceria com ele uma relação que, supostamente, estaria livre de ambivalências. Um dos descuidos de Freud ao formular tais proposições foi colocar como destino mais "normal" o da maternidade, reflexo das premissas vigentes na sociedade do século XIX, cuja rigidez moral tentava reverter toda a libido das mulheres para a reprodução.

Contemporânea de Freud, a psicanalista Karen Horney (*apud* Amorim, 2023) seguiu na direção contrária, afirmando que a vagina não é meramente a ausência de pênis e questionando a supervalorização deste enquanto símbolo de poder. Horney argumentava que o complexo de castração nas mulheres não estaria vinculado à diferença anatômica, mas a outros fatores. Valorizava a influência da cultura no desenvolvimento psíquico e expunha o lugar de inferioridade que as mulheres ocupavam na sociedade. Para ela, a incapacidade dos homens em gerar uma vida e o temor da rejeição das mulheres os levariam a subjugá-las. Melanie Klein (1928/1996), por sua vez, também teceu contribuições importantíssimas com relação à feminilidade, retirando-a do lugar de secundária como havia teorizado Freud, e situando-a como uma formação primária.

Tendo em vista essas construções teóricas, cabe a pergunta: a que se atribui o desejo de alguém por ter filhos? As respostas podem ser múltiplas, mas de fato esse desejo já não pode mais ser interpretado somente como uma ferida narcísica que precisa ser restituída, uma compensação para a falta de acesso a outras possibilidades desejantes (Iaconelli, 2023). O não desejo de ter filhos, por sua vez, é escandaloso porque dá notícias de uma sexualidade desvinculada da reprodução. O desejo de abortar é ainda mais polêmico e assustador, pois, além de significar transgressão, exibe também a autonomia da mulher sobre o seu corpo, algo que o sistema patriarcal pretende cercear.

Sobre o desejo de gestar, Françoise Dolto (1984) aponta que há no inconsciente da mulher que engravida um desejo de ser fecundada, que permanece inscrito sem que ela o perceba conscientemente. Haveria, portanto, em toda gravidez, um desejo inconsciente de gerar. Entretanto, talvez o desejo de engravidar não coincida totalmente com o desejo de ter um filho, mas sim com o de saber-se fértil.[1]

Se hoje sabemos que o desejo de ter filhos não é unânime, paralelamente muitas mulheres sentem-se realizadas com a maternidade. Do século XIX para cá, ocorreram muitas transformações no modo de vida das mulheres, sobretudo por influência dos movimentos feministas. A entrada no mercado de trabalho e o advento dos contraceptivos lhes trouxeram maior autonomia e possibilidades desejantes. Contudo, nos tempos atuais, a iniquidade de gênero tem

---

1 Evidentemente essas teorizações não deveriam se aplicar às situações de gravidez ocasionada por estupro, já que nestas há uma intrusão violenta sobre o corpo e o psiquismo da menina/mulher.

levado à escolha por retardar, diminuir a prole ou mesmo evitar a maternidade.

Vera Iaconelli (2023) aponta que a mesma sociedade que cobra das mulheres a escolha pela maternidade não oferece condições adequadas para a criação de filhos. Imbuídas da difícil escolha entre erotismo e maternidade, como se fossem excludentes, muitas optam por não gestar. Outras, ao fazê-lo, arrependem-se da experiência, outro assunto bastante espinhoso em nossa cultura. Elena Ferrante aborda esse tema no romance *A filha perdida* (2016), no qual narra a história de Leda, mãe e professora que, ao se separar, deixa com o ex-marido as duas filhas pequenas para se reencontrar como mulher. Ainda que elogiada pela crítica, é uma obra considerada indigesta para muitos, já que mostra uma mulher cansada de seu papel de mãe. Retratada como uma mulher livre, a personagem Leda provoca incômodo. É interessante notar que, apesar dos abandonos paternos serem muito mais comuns, não são capazes de gerar a mesma comoção.

O tabu do filicídio

Outro tabu presente no imaginário social no que tange a questão do aborto é a ideia de que este é um ato filicida, na medida em que retira do feto a possibilidade de vir ao mundo. As discussões sobre quando inicia a vida do ser humano são controversas, sobretudo quando partem de concepções religiosas que frequentemente entendem o aborto como um assassinato, ainda que se trate de um embrião ou um feto em desenvolvimento. Nesta visão, o aborto é compreendido como um filicídio em ato. O termo "nascituro", que significa "aquele que há de nascer" foi criado para assegurar os direitos do ente que foi gerado, mas que ainda não nasceu. Apesar de não ser dotado de uma personalidade jurídica, a lei assegura os direitos do nascituro desde a sua concepção.

Para a psicanálise, e aqui trago mais especificamente o pensamento de Jean Laplanche (1987), o bebê que nasce é dotado de um corpo biológico e de montagens adaptativas, e será na interação com o cuidador que este corpo se tornará pulsional, a partir do contato com o sexual do adulto que se envolve em seus cuidados, alimenta e erogeiniza. Será após o nascimento, na interação assimétrica entre adulto e infans, que advirá o psiquismo da criança, e que o bebê será humanizado.

Apesar de ter teorizado sobre os tabus da humanidade, Freud não chegou a explorar a questão do filicídio. Em sua obra, deu maior ênfase aos tabus do incesto e do parricídio, descritos em "Totem e tabu" (1912-1931/1996b) como os mais antigos desejos humanos. Os objetivos dos tabus são diversos e estão a serviço de salvaguardar o humano, obrigando-o a renunciar a determinados desejos perigosos. Entretanto, há sempre uma ambivalência em relação ao tabu, e um desejo de violá-lo.

Borges e Paim Filho (2017) abordam sobre a universalidade do filicídio, observável tanto em situações violentas quanto cotidianas. O filicídio encontra-se nos fundamentos do aparelho psíquico, matéria-prima que constitui o narcisismo primário. É o par complementar do parricídio. Segundo os autores, há um filicídio estruturante, quando os pais, capazes de investimento e amor, abrem mão do "dois em um" e, em um segundo tempo, liberam o filho para uma existência própria, promovendo a dissolução da ilusão de completude e perfeição. Desfaz-se assim o eu ideal, "assassina-se" a "criança maravilhosa" do narcisismo dos pais (Leclaire, 1977). O filicídio alienante, por sua vez, remete à morte psíquica do filho, cuja existência está a serviço de restituir o narcisismo parental. O filicídio em ato, por fim, é a situação em que os pais tiram concretamente a vida do filho ou o entregam à morte, o que socialmente provoca reações de grande comoção e repúdio. Embora as tendências destrutivas em relação aos filhos tenham sido restringidas na medida em que se instituiu o pacto civilizatório, ainda ocorrem com frequência na cultura ocidental.

Em linhas gerais, o filicídio, em suas diversas roupagens, habita o inconsciente de todos nós. Trata-se do assassinato dos filhos pelos pais que, de forma concreta ou simbólica, deixa uma inscrição psíquica. No ápice da tragédia humana, que seria o filicídio em ato, os filhos arcam com as consequências mais severas desse não desejo parental. Sobre esse aspecto, Dolto (1984) faz um apelo, propondo que a mulher que deseja abortar seja escutada. A autora adverte que, se a gestação é suportada em nome de outra coisa que não o desejo da mulher, poderá haver uma profunda rejeição desta em relação ao embrião, tratado como um hospedeiro inimigo.

Algumas proposições psicanalíticas tendem a considerar o aborto como um sintoma, uma impossibilidade de elaborar simbolicamente as angústias terroríficas presentes na gestação, associadas às fantasias incestuosas que reaparecem como retorno do recalcado, oriundas de um desfecho edípico mal elaborado, gerador de culpa. Nessas circunstâncias, a gravidez seria sentida como uma espécie de ameaça, levando à expulsão do estrangeiro do corpo, diante da impossibilidade de integração simbólica da gestação no psiquismo. Essa ideia não está equivocada, exceto pelo fato de que não pode ser generalizada, afinal, a psicanálise trabalha com a singularidade, e a clínica nos revela diversas outras possibilidades e desfechos. Situações de abortos repetidos, que se apresentam como compulsão à repetição, por exemplo, mereceriam um olhar mais cuidadoso a partir desse viés. De todo modo, interromper uma gestação pode tanto ser um sintoma como pode não o ser.

Culpa, trauma e alívio em situações de aborto: algumas situações clínicas

A analisanda Laura ainda era adolescente quando, por um descuido, engravidou do namorado. Surpresa e muito assustada, culpou-se por não ter tomado as medidas necessárias para impedir a gravidez, como se fosse a única responsável. Não queria ser mãe naquele momento da vida, embora desejasse ter filhos no futuro. Como iria interromper o tão sonhado projeto de estudar fora do país? Como iria se responsabilizar por uma criança se ainda morava com os pais, se queria namorar, conhecer o mundo?

Na ocasião, Laura procurou uma ginecologista, que recomendou exames e sugeriu um colega a quem ela poderia procurar caso decidisse abortar com segurança. A médica lhe fez também um alerta para que fosse rápida, já que estava com dez semanas de gravidez. Restava pouco tempo para agir, mas Laura se sentia atordoada, confusa, dividida entre o desejo de levar a gestação até o fim e a sensação de inaptidão para cuidar de um bebê naquele momento. Além disso, tinha outros planos, que de fato não gostaria de interromper. Porém, como poderia fazer um aborto tão rápido se ainda nem sabia bem o que sentia? Após algumas semanas, porém, com a ajuda do namorado, encorajou-se e arranjou dinheiro para comprar um remédio conhecido por induzir o aborto. No entanto, horas depois de ingeri-lo, teve um sangramento excessivo e precisou ser levada ao hospital. A família logo soube o que havia acontecido, e ao contrário do que imaginava, os pais foram amorosos e acolheram o seu sofrimento, dando-lhe suporte emocional.

Alguns anos se passaram desde que Laura interrompeu a gestação. Ela seguiu a vida, voltou-se novamente para os seus projetos. Apesar da experiência difícil e assustadora, tem certeza de que foi a melhor decisão naquele momento. De vez em quando, porém, é visitada por temores, fantasias de que, por ter feito um aborto, poderá não conseguir engravidar novamente.

***

Amália casou-se uma única vez. Na época, ainda jovem, foi prometida em casamento pela família ao marido, prática comum nos anos 1960, no interior do Rio Grande do Sul. Dona de casa dedicada ao lar, foi "incapaz" de amar o esposo. Até que um dia Amália engravidou, algo que produziu nela uma angústia muito intensa. Não queria ser mãe. Naquele tempo, o destino considerado natural às mulheres era o da maternidade, e o marido de Amália planejava ter três filhos. Ela não queria nenhum. Em um ato de desespero e coragem, decidiu interromper a gestação, o que ocorreu de forma precária, com a ajuda de uma aborteira. Aproveitou a ocasião em que o marido estava fora da cidade para fazer o procedimento, e fora assistida apenas por uma amiga, sua cúmplice.

Após dias de muita dor, agonia, sangue e noites mal dormidas, sentiu-se aliviada. Teria valido a pena abortar. No entanto, alguns dias mais tarde, um intenso sentimento de culpa bateu à sua porta e passou a invadir os seus pensamentos de forma insistente e enlouquecedora. Cansada de remoê-los solitariamente, confessou ao marido o que havia feito. Incrédulo, o homem enfurecido expulsou-a de casa e de sua vida, acusando-a de assassinato. Talvez tenha sido melhor mesmo ter ido embora, ela conta sem parecer ressentida, mas a culpa, até aqueles dias, décadas depois, jamais fora expulsa em definitivo, não exatamente por ter abortado, mas por ter sentido um imenso alívio ao fazê-lo. Culpar-se seria o preço a pagar por tal decisão, e de fato, Amália levava esse fardo consigo até aqueles dias.

***

Carla é uma mulher na faixa dos 40 anos. Independente economicamente, é divorciada e mãe de uma filha pequena. Recentemente, decidiu retomar alguns projetos que havia deixado de lado por um certo período por conta do envolvimento com as questões da maternidade, função que, apesar de deixá-la muito cansada, também é fonte de muito prazer. Aos poucos, Carla voltou a sair com as amigas e passou a investir mais no trabalho, ganhando rapidamente uma promoção, reconhecimento recebido por ela com grande satisfação.

Certa vez, em uma de suas saídas, transou com um homem que havia conhecido a pouco tempo, e para sua surpresa, engravidou; ambos haviam se descuidado naquela noite. Tensa frente à situação inesperada, Carla agiu rapidamente. De forma prática, foi em busca de providências para interromper a gestação, descoberta nas primeiras semanas, logo após o primeiro atraso menstrual. Conversou com algumas amigas que já haviam abortado, que lhe recomendaram uma clínica clandestina localizada em uma cidade próxima.

O procedimento, de elevado custo financeiro, foi rápido e bem-sucedido. Estava convicta de que não queria ser mãe pela segunda vez naquele momento e naquelas circunstâncias. Para ela, tratava-se de uma decisão bastante racional e responsável. Não mencionava qualquer indício de culpa ou arrependimento após o aborto. Uma sensação de alívio tomou conta de Carla após receber a notícia de que estava tudo bem com ela e com o seu corpo.

***

Escolho vinhetas das analisandas Laura, Amália e Carla[2] por serem representativas da clínica psicanalítica, e também para marcar as diferenças geracionais entre elas. Amália fez um aborto nos anos 1960, em um período em que os discursos sobre família e maternidade eram ainda mais conservadores e idealizados. Laura e Carla pertencem a outra geração, e mesmo que muitas mudanças tenham ocorrido de lá para cá com as conquistas feministas e uma maior abertura em relação às questões de gênero, poucas coisas se modificaram nas leis sobre o aborto. A primeira vez que o aborto foi pautado pelo sistema legislativo brasileiro foi em 1940, quando o Código Penal criminalizou a prática, excluindo situações de abuso e de risco à mãe. A primeira mudança nas leis ocorreu somente em 1987.

2 Nomes fictícios.

Ainda que pertencentes a uma classe social considerada média/alta, Laura e Amália arriscaram suas vidas, como a maior parte das mulheres que decidem abortar. É interessante notar que ambas conservam um sentimento de culpa em diferentes intensidades, ao contrário de Carla, que lançou mão de recursos psíquicos que a blindaram do sofrimento para lidar com o aborto, tão fortemente criticado no meio social. E de fato, para ela, o aborto não pareceu ter gerado maiores repercussões internas.

Ao ouvir os relatos dessas analisandas e de outras tantas mulheres que já abortaram, escolho destacar a questão da culpa, para algumas vivida de forma consciente, para outras, pouco perceptível a "olho nu", pois inconsciente. Para algumas mulheres, ainda, não se observam aspectos de culpabilidade, o que pode se dar por conta de uma desmentida estruturante, ou então por uma maior capacidade de elaboração dessa vivência, que irá variar de acordo com a singularidade de cada uma e com a forma como tal experiência se inscreveu psiquicamente. Chama atenção também o fato de que, em minhas pesquisas sobre o tema do aborto, este seja o centro de boa parte das investigações psicanalíticas, assim como a questão do trauma, o que nos toca interrogar se um aborto é, de fato, sempre traumático, e se o sentimento de culpa estaria sempre presente na mulher que abortou.

Na teoria freudiana, a origem da consciência de culpa se origina do complexo de Édipo, da ação crítica do supereu sobre o eu. Freud (1923/1969) distinguiu três tipos de culpa: a culpa consciente, a culpa inconsciente relacionada ao desfecho do complexo de Édipo, e que por isso é recalcada; e o sentimento inconsciente de culpa, que atua de forma silenciosa diante do parricídio, quando o sujeito "comete o crime" e busca por punição. Não é objetivo deste trabalho desenvolver tais aspectos, muito bem detalhados na obra freudiana, mas apenas citá-los para melhor compreendermos a questão.

Dolto (1984) aponta que pode haver um sentimento de culpa não apenas porque a mulher engravida, mas também porque esta recusa a gravidez. Nesse caso, há uma culpa arcaica que remonta à infância e aos fantasmas incestuosos. A autora observa ainda um aspecto importante e pouco comentado: a culpa consciente por não abortar, que ocorre quando mulheres reconhecem em si a incapacidade de ter um filho e de disponibilizar-se psiquicamente para ele, mas que por diversas razões não conseguem interromper a gestação, levando a gravidez a termo: "este filho, negado por ela e pelo seu cúmplice, o pai da criança, já é, em sua existência embrionária, órfão de pais simbólicos" (Dolto, 1984, p. 246). Ou seja, se a gestação é suportada somente por convenções sociais, religiosas ou legislativas, significa que esse filho não é gestado no imaginário parental, não é fruto de um desejo. Os impactos emocionais disso incidirão sobre todos os envolvidos nesse processo, sobretudo na criança que nascerá sem poder ocupar um lugar simbólico.

De forma mais ampla, o sentimento de culpa, inerente a todos os humanos, se refere ao preço que pagamos para viver na cultura, e obviamente também está relacionado às questões singulares de cada indivíduo. Se o supereu é herdeiro do complexo de Édipo e tem, de um lado, uma origem pulsional e, de outro, carrega a herança dos ideais da cultura, a culpa, que diversas vezes observamos em situações de aborto, é também tributária dos tabus que cercam essa questão.

Laura teve a culpa abrandada. O apoio dos pais, que entenderam a situação e deram-lhe amparo, também contribuiu para um desfecho menos penoso. Abortar, para ela, foi renunciar a um ideal a partir do reconhecimento de sua impossibilidade de ser mãe naquele momento, algo que produziu aberturas para a elaboração dessa perda/vivência. Ainda assim, resquícios do "fantasma" da culpa ainda voltam para assombrá-la, quando em pensamento aparece a punição de que não poderá mais engravidar em decorrência de ter abortado.

Amália foi acusada de assassinato pelo marido, punida de forma cruel em uma época em que abortar era cometer um ato pecaminoso, o que em sua fantasia, enlaçada aos fantasmas incestuosos da infância, acabou se confirmando. Durante boa parte de sua existência, pagou penitência por ter cometido tão grave "delito". A busca por análise foi uma tentativa de libertar-se dos grilhões desse superego cruel, da sombra do objeto que a perseguia internamente. Melancolia que obstruía a possibilidade de elaboração do luto.

Carla, por sua vez, sentiu um grande alívio por ter levado adiante o desejo de abortar. Apesar de bastante comum entre as mulheres que abortam, poucas falam abertamente sobre essa sensação de alívio, sob risco de serem demonizadas. Uma pesquisa de 2020 produzida pela antropóloga Debora Diniz e pela cientista política Giselle Carino reafirma o sentimento de alívio presente em muitas mulheres que abortam. Segundo as autoras, a culpa pelo aborto seria decorrente da alienação da vontade. Ou seja, uma mulher, quando deseja e concretiza o aborto, poderá sentir-se livre e aliviada, e não necessariamente refém da culpa (Diniz & Carino, 2020).

A escuta dessas experiências frequentemente me trazia à mente o livro *O acontecimento*, da escritora francesa Annie Ernaux (2022), que se tornou um sucesso justamente por contar de forma tão honesta a experiência de aborto da autora, ocorrida nos anos 1960, ela então uma estudante de 23 anos que engravidou do namorado que recém havia conhecido. Na época, o aborto não era legalizado na França, e Annie viveu praticamente sozinha essa experiência. Quarenta anos depois, ao escrever sobre o assunto, ela o define como um evento inesquecível:

> *Que o modo como vivi essa experiência do aborto – a clandestinidade – remonte a uma história superada não me parece um motivo válido para deixá-la enterrada – mesmo que o paradoxo de uma lei justa seja sempre obrigar as vítimas a se calar, em nome de que "tudo isso acabou", de maneira que o mesmo silêncio de antes encubra o que aconteceu. (p. 17)*

As reflexões da autora apontam para os imperativos da lei sobre os corpos femininos, a sensação de impotência e, a *posteriori*, a ressignificação da experiência por meio da escrita: "Eliminei a única culpa que senti a respeito desse acontecimento – que ele tenha acontecido comigo e que eu não tenha feito nada dele. Como um dom recebido e desperdiçado" (p. 71).

Do ponto de vista do trauma, o psicanalista Moty Benyakar (2006) utiliza o conceito de "disruptivo" para se referir à capacidade potencial de um fenômeno para desestabilizar os processamentos psíquicos. Segundo o autor, nenhuma situação é traumática por si só, mas existem eventos que podem ou não gerar processos psíquicos da ordem do traumático. O traumático, portanto, não é o que aconteceu, mas o modo como cada psiquismo o vivencia.

Com relação ao aborto, o fato de haver um desmentido na cultura sobre o tema dificulta os caminhos de tradução dessa marca, inscrita no corpo e no psiquismo, tornando-a potencialmente traumática.

Considerações finais

As coisas mais difíceis de falar são as que nós mesmos não conseguimos entender.

(Ferrante, *A filha perdida*, 2016)

Falar sobre aborto é um tabu na medida em que desvela a ambivalência e os desejos filicidas presentes em todos nós, mesmo em relação aos filhos que são desejados. Embora não sejam equivalentes, aborto e assassinato acabam por se misturar no imaginário social justamente porque se entrelaçam a esses desejos inconfessáveis, cerceados pela lei e pela moral conservadora e recalcados, como todo tabu. Mulheres que abortam ousam ao fazerem em ato o que habita a fantasia de todos nós.

Sabemos que a sexualidade feminina também segue sendo um tabu, pois escancara desejo e autonomia da mulher sobre seu próprio corpo, que sangra, produz leite, é fértil, pode gerar ou então abortar; potência que ainda assusta, provoca medo, inveja, fascínio e repúdio. Se no passado mulheres eram queimadas na fogueira, hoje ainda morrem e são diariamente violentadas, vitimadas por um certo tipo de masculinidade perversa. Não por acaso, os índices de feminicídio e violência contra a mulher crescem cada vez mais no país, em paralelo à onda conservadora que cresce no mundo todo.

Violentar uma mulher, seja cometendo uma agressão, um estupro ou a impedindo de abortar, é fruto de um rechaço ao próprio feminino em si, que habita tanto homens quanto mulheres. Feminino que representa ameaça à ordem fálica que sustenta as construções subjetivas atuais (Birman, 1999). A mulher, com a sua exuberância, desperta em homens ressentidos o temor de que se revele o seu pênis castrado, a sua impotência (Muskat, 2024). Agredi-la é uma forma de restituir tal ferida narcísica.

No Brasil, a legislação sobre o aborto é elaborada por homens brancos e heterossexuais. Sob o pretexto de defender a vida, a moral e os bons costumes, políticos e religiosos condenam mulheres e meninas a manterem gestações indesejadas, pouco se importando se elas mesmas sobreviverão, o que revela um sintoma social. Prova disso é o polêmico projeto de lei elaborado por parlamentares da bancada evangélica, o PL 1904/2024, que propunha limitar os casos em que se pode abortar no Brasil, modificando a punição para quem pratica o aborto. Se esse projeto de lei for aprovado, casos ilegais de aborto teriam pena igual à de quem comete assassinato, que pode chegar a 20 anos de prisão.

Instituir leis que arbitram sobre os direitos e os corpos femininos significa infligir um filicídio alienante ou mesmo em ato, quando se sabe que muitas morrem diariamente em decorrência de abortos mal sucedidos. Tais projetos, sob o disfarce de defender a vida do embrião ou feto, tem por objetivo subjugar as mulheres à condição de cidadãs de segunda categoria, destituindo-as da condição de sujeitos desejantes.

Há um silêncio ensurdecedor sobre esse assunto, e negá-lo está a serviço desse pacto narcísico que assevera ideais massacrantes que recaem sobre meninas, mulheres e mães. Para mantê-lo, ignora-se a grande quantidade de mulheres que abortam todos os dias, como Laura, Amália, Carla e tantas outras, desmentido que conduz à impossibilidade de tradução dessas vivências. O traumático, nesses casos, é mais do que o aborto em si, que deixa uma inscrição psíquica, mas está relacionado à violência presente no discurso social, na perversidade da legislação, na alienação do desejo e no controle sobre os corpos. Se uma menina ou mulher que aborta é julgada como uma criminosa, mesmo quando é vítima de estupro, por exemplo, há uma violência que incide sobre ela duplamente, retraumatizando-a. Assim, o tabu e o silêncio que dele decorre impede outros deslocamentos, cristalizando o aborto à condição de trauma.

A mulher que decide abortar reencontrará o filicídio estruturante em si na medida em que revive o assassinato da figura idealizada. Há, dessa forma, uma renúncia a um lugar materno onde o desejo não encontra eco. Quando decide interromper a gravidez, isso significa uma medida protetiva, e não necessariamente sintomática. Há um reconhecimento de seus limites, e a partir daí poderá se instalar um processo de luto, decorrente dessa renúncia. Sendo assim, o aborto não significa um filicídio em ato, mas remonta ao filicídio estruturante em cada um de nós.

O aborto pode ser um acontecimento muito importante na vida de uma mulher, "um acontecimento que tem um efeito dinâmico inconsciente estruturante ou desestruturante da vida simbólica da mulher e do homem responsável com ela por essa interrupção" (Dolto, 1984, p. 252). Esse acontecimento não passa incólume, e na clínica psicanalítica a escuta dessas experiências poderá criar narrativas para o ato de abortar. Quebrar o silêncio permite atenuar o sentimento de culpa que maltrata e melancoliza tantas mulheres, podendo ceder espaço ao alívio. Ao mesmo tempo, romper com o discurso normativo de que o aborto é sempre um ato sintomático permitirá novos engendramentos e representações para essa vivência.

E nós, psicanalistas, como poderemos escutar esse desejo de abortar sem reproduzir a violência social que o reduz a um sintoma, uma vez que também somos atravessados pela cultura? Por que razão esse assunto é ainda tão pouco trabalhado pela psicanálise, ainda que seja um tema de tamanha complexidade e relevância social e subjetiva?

A escuta psicanalítica deve levar às mulheres que sofrem uma reconstrução irrevogável de suas potencialidades psíquicas, propondo saídas para a condição alienante que lhes é imputada. É nosso desafio trabalhar para o rompimento desse silêncio sob o qual triunfa a pulsão de morte. É preciso restabelecer a palavra, como mais uma vez nos lembra Annie Ernaux:

> *Para além de todas as razões sociais e psicológicas que pude encontrar naquilo que vivi, existe uma da qual estou mais certa do que tudo: as coisas aconteceram comigo para que eu as conte. E o verdadeiro objetivo de minha vida talvez seja apenas este: que meu corpo, minhas sensações e meus pensamentos se tornem escrita.* (2022, p. 71)

Devolver a voz à mulher que aborta é retirá-la da condição de criminosa, da imobilidade do traumatismo. Nesse sentido, abortar é também um ato político.

Referências

Alonso, S. L. (2011). *O tempo, a escuta, o feminino: reflexões*. Casa do Psicólogo.

Alonso, S. L., & Fuks, M. P. (2015). *Histeria* (2. ed.). Casa do Psicólogo.

Amorim, P. M. (2023). *A recusa da vagina: o feminismo e a feminilidade na psicanálise*. Artes & Ecos.

Badinter, E. (1985). *Um amor conquistado: o mito do amor materno*. Nova Fronteira.

Benyakar, M. (2006). *Lo disruptivo. Amenazas individuales y colectivas: el psiquismo ante guerras, terrorismos y catástrofes Sociales* (2. ed.). Biblos.

Birman, J. (1999). *Cartografias do feminino*. Editora 34.

Borges, G., & Paim Filho, I. A. (2017). *Sobre o filicídio: uma introdução*. Sulina.

Diniz, D., & Carino, G. (2020, 17 jan.). *Aborto, um sentimento de alívio*. https://brasil.elpais.com/opiniao/2020-01-17/aborto-um-sentimento-de-alivio.html

Diniz, D., Medeiros, M., & Madeiro, A. (2023). Pesquisa Nacional de Aborto – Brasil, 2021. *Ciência e Saúde Coletiva*, *28*(6).

Dolto, F. (1984). *Sexualidade feminina – Libido/Erotismo/Frigidez* (R. C. Lacerda, Trad.). Martins Fontes.

Ernaux, A. (2022). *O acontecimento* (I. A. Pontes, Trad.). Fósforo.

Ferrante, E. (2016). *A filha perdida* (M. Lino, Trad.). Intrínseca.

Freud, S. (1969). O ego e o id. In S. Freud, *Edição standard brasileira das obras psicológicas completas de Sigmund Freud* (J. Salomão, Trad., Vol. 19, pp. 13-80). Imago. (Trabalho original publicado em 1923).

Freud, S. (1996a). O ego e o id e outros trabalhos. In S. Freud, *Edição standard brasileira das obras psicológicas completas de Sigmund Freud*. Imago.

Freud, S. (1996b). Totem e tabu. In S. Freud, *Edição standard brasileira das obras psicológicas completas de Sigmund Freud*. Imago. (Trabalho original publicado em 1913[1912-13]).

Freud, S. (2004). À guisa de introdução ao narcisismo. In S. Freud, *Escritos sobre a psicologia do inconsciente, volume I. Obras Psicológicas de Sigmund Freud* (L. A. Hanns, Trad.). Imago. (Trabalho original publicado em 1914)

Freud, S. (2018). Conferência 33: A feminilidade. In S. Freud, *Amor, sexualidade, feminilidade*. Autêntica. (Trabalho original publicado em 1933).

Iaconelli, V. (2023). *Manifesto antimaternalista: psicanálise e políticas da reprodução*. Zahar.

Klein, M. (1996). Estágios iniciais do conflito edipiano. In: *Amor, culpa, reparação e outros trabalhos (1921-1945)*. Imago. (Trabalho original publicado em 1928).

Lang Lima, J. (2024). *Transmissões do feminino*. Artes & Ecos.

Laplanche, J. (1987). *Nuevos fundamentos para él psicoanálisis – La seducción originaria*. Amorrortu.

Laplanche, J., & Pontalis, J. B. (1970). *Vocabulário de psicanálise* (2. ed.). Martins Fontes.

Leclaire, S. (1977). *Matan a um niño. Ensayo sobre el narcisismo primário y la pulsión de muerte*. Amorrortu.

Levy, T. S. (2024). *Melhor não contar*. Todavia.

Muszcat, S. (2024). *O Talibã é aqui? Ensaio para o Observatório Psicanalítico da Febrapsi*. Disponível em: febrapsi.org

Organização Mundial da Saúde. (2012). *Classificação Estatística Internacional de Doenças e Problemas Relacionados à Saúde* (10ª rev.). Edusp.

Palmer, A. (2023, 22 set.). *Como a percepção sobre o aborto mudou ao longo da história*. https://www.bbc.com/portuguese/articles/czqeqn8e1xeo

6. As maternidades negras (im)possíveis sob uma leitura psicanalítica

Carolina da Silva Pereira

Camila Dutra dos Santos

Mulher
Ventre negro
corpo colheita fértil

Mulher negra
seu corpo-vida rega
as raízes crespas

Corpo negro
mulher livre
grita canções de ninar
a casa
que brota em nossos ouvidos

Mulher negra
mãe terra preta
sua alma pesada
dança com pés de barro
seus seios suados
a sede da lama

Mulher
corpo negro livre
fruto da plantação
é das negras sementes que nasce
o seu filho Brasil

(Pereira, 2024, no prelo)

Parafraseando a ativista negra Sojourner Truth (2014) – pioneira na luta pelos direitos civis das mulheres negras estadunidenses que, em 1851, corajosamente provocou a sociedade colonial, racista e sexista com seu célebre discurso na convenção de mulheres intitulado "E eu não sou uma mulher?" –, questionamos aqui se a maternidade seria possível a esse mesmo sujeito: e eu não sou uma mãe? É com base nessa provocação que elaboramos as seguintes questões: é possível à mulher negra exercer a maternidade? De quem? De crianças brancas e/ou negras? E de qual forma?

Em um primeiro momento, somos capturadas pelas memórias vívidas de diversas imagens de amas de leite brasileiras, presentes em obras de arte, nas quais estão sempre acompanhadas por seus minipatrões e minipatroas (filhos/as?) brancos/as. Na obra *Mãe Preta*, de 1912, disponível no acervo do Museu de Arte da Bahia, em Salvador, Lucílio de Albuquerque retrata uma moça negra amamentando um bebê branco, enquanto o seu bebê negro encontra-se deitado, afastado, sozinho, à margem da cena. O olhar materno complacente se dirige ao bebê negro, enquanto em seu seio é o branco que se nutre.

As expressões artísticas possuem extrema capacidade de revelar aquilo que precede e escapa à palavra ou aquilo sobre o qual nada pode ser dito. A arte de Albuquerque (1912/2024) revela as imensas desigualdades sociais, as ambivalências presentes nas relações de afeto, a solidão racializada, entre tantas outras coisas que aqui não cabe nomear, mas que a arte permite acessar. Não à toa, Alencastro (1997, p. 444), ao analisar outra representação artística da ama de leite, afirma: "Quase todo o Brasil cabe nessa foto".

Em uma busca rápida na internet, analisamos a imagem da obra que o historiador faz referência (Villela, 2024). Há algo de diferente em relação a ela! Na imagem, a mulher negra escravizada aparece ao lado do seu minipatrão branco, que nela se apoia. Para além da sua postura rígida e do seu olhar confrontador, o que mais nos captura é que, diferentemente das outras, essa mulher negra tem um nome: não é somente ama, é Mônica. Ainda que sem sobrenome, diferentemente de seu minipatrão. Contudo, ressaltamos: ela tem um nome! E seu nome é Mônica.

Permanecemos por alguns minutos problematizando a imagem de Mônica e tudo que ela reflete. Espelho de um passado-presente. Seu registro nos captura pela angústia que emerge ao pensar o quanto dela se atualiza e se presentifica em nosso cotidiano. Em associação livre, somos lançadas às memórias da tragédia recente do menino Miguel Otávio Santana da Silva e de sua mãe Mirtes Santana. Em plena pandemia de Covid-19, no ano de 2020, Mirtes – mulher negra, mãe, empregada doméstica e babá –, contrariando as recomendações sanitárias da época, seguiu em sua rotina de trabalho, conforme as ordens de seus patrões. Certo dia, no "novo normal", Mirtes precisou levar o cachorro da patroa para passear. Em sua ausência, a grande-patroa-sinhá branca abandonou Miguel dentro do elevador (de serviço?). Afastado, isolado, à margem da cena, Miguel caiu de uma altura de 35 metros.

> *Miguel Otávio*
> *Primeiro e único*
> *Trinta e cinco metros de voo*
> *Do nono andar*
> *Cinquenta e nove segundos antes de sua mãe voltar*
> *O destino de Ícaro*
> *O sangue de preto*
> *As asas de ar*
> *No país negro e racista*
> *No coração da América Latina (Calcanhotto, 2024).*

Apesar de tamanho trauma e sofrimento, Mirtes afirma de forma contundente: "Miguel não é mais só filho de Mirtes. É filho, é neto do Brasil porque todos buscam a mesma coisa que eu quero: justiça" (Fonseca, 2020). Mirtes denuncia o ato que levou à morte de seu filho, fruto do racismo e do sexismo estrutural e da segregação de classe que envolvem as relações de trabalho doméstico em nosso país. Pesquisamos "notícias recentes" sobre o trágico acontecimento e descobrimos que, recentemente, uma decisão judicial reduziu a pena de Sari Corte Real, patroa de Mirtes, pela morte de Miguel. Ao julgar o caso em julho de 2023, o ministro José Roberto Pimenta denuncia que Mirtes era tratada "como se ainda vivêssemos no período colonial" (Vitória, 2023), referindo ainda em seu discurso questões como racismo estrutural e pacto da branquitude. Um presente-passado-mais-que-imperfeito.

E por falar em tempos, retomemos aqui a imagem de Mônica para refletir sobre as contradições dos afetos, sobre o corpo capturado pelo olhar do outro, mas que também se impõe, já que seus olhos parecem confrontar aquele/a que a olha em uma postura firme, demonstrando um pequeno gesto de agência nas brechas da violência. Mônica emite sua voz nos detalhes. A ama de leite tem nome. E seu nome é Mônica. Cabe aqui pensar quais são os sobrenomes (nome que designa a família de pertencimento) que nós queremos em contraponto ao total apagamento, ou, ainda, o sobrenome dado como marca do processo colonial de escravização. Ao comentar sobre duas fotos públicas, nas quais Mônica aparece como ama de leite, Ferreira destaca:

> *Tu permanece conosco, nessas fotos que são tudo que resta e, então pareces forte e atemporal, e tua imagem nos fala e mais uma vez nos comove. Estás viva nessas fotos, Mônica, mas algo nos fala que continuas a viver em nós, que te lembramos e amamos, sentindo que, de algum modo e por transversos caminhos, um pouco do teu sangue continua a circular nas nossas veias brasileiras.* (Ferreira, 1999, p. 230)

Partimos dessas cenas e de suas reverberações para abordar a temática da maternidade negra a partir de um olhar psicanalítico. Neste texto, pretendemos promover uma reflexão acerca da representação da mulher e da maternidade negra, investigando a historicidade e a atualidade das principais representações a elas associadas no imaginário social. Para isso, utilizamos como base as teorizações da feminista negra e socióloga estadunidense Patrícia Hill Collins (2019), que analisa a posição social das mulheres negras a partir da categoria de imagem de controle. A partir desses pressupostos, objetivamos vislumbrar como a imagem da mulher negra é produzida na sociedade brasileira, alinhada a uma posição social historicamente marcada por relações de dominação, servidão e falta de reconhecimento. Para isso, nosso fio condutor será a imagem da mãe preta e figuras a ela relacionadas (ama de leite, babá, cuidadora, empregada doméstica), destacando as contribuições psicanalíticas da feminista negra, professora, filósofa e antropóloga brasileira Lélia Gonzalez (1984). Ainda, refletimos sobre as expressões artístico-culturais enquanto importante via identificatória e política a partir da análise de uma das obras da artista visual negra Rosana Paulino (2013).

Desenvolvimento

Ainda no período colonial do Brasil, a ideia da fragilidade da mãe branca e de seu leite, em contraste com a crença da robustez e da abundância do leite entre as mulheres negras, promoveu a disseminação da prática de adoção de ama de leite. As restrições impostas a elas impossibilitavam que destinassem os cuidados desejados aos seus filhos e filhas, os/as quais estavam sujeitos/as ao desmame precoce, às separações temporárias e, por vezes, à morte. Privadas do leite materno, ou obtendo-o em menor quantidade, as "crias", como eram chamadas as crianças pelos senhores e senhoras, não raramente passavam fome. Para que o/a bebê branco/a monopolizasse as atenções e o suprimento de leite, os/as bebês negros/as poderiam ser entregues aos cuidados de outra escravizada, particularmente meninas ou mulheres mais velhas. O destino principal dos/as bebês negros/as era a roda dos expostos. Em qualquer um dos casos, suas chances de sobrevivência eram escassas (Telles, 2018). Assim, o signo "mãe" se desloca e se amplia para outras mulheres negras, sempre intrinsecamente relacionado ao cuidado. Aqui, tanto a menina e a mulher negra mais velha quanto a "cria" ficam violentamente expostas na roda colonial que segue seu giro incessantemente.

Patrícia Hill Collins (2019) discorre acerca do conceito de imagens de controle, as quais se distinguem dos estereótipos ao produzir tanto lugares de poder e privilégio para determinados grupos como lugares de sujeição a outros. Tais imagens configuram-se em torno da raça, do gênero, da sexualidade e da classe, legitimando as desigualdades sociais, entendidas como naturais e inevitáveis. Dentre as imagens acerca da mulher negra formuladas pela pesquisadora, nos deteremos às imagens de Jezebel, representação da mulher negra hipersexualizada, e da Mammy, representação da mulher negra assexual e suas respectivas aproximações com a mulata brasileira e a mãe preta. É por meio da objetificação e animalização das mulheres negras que a imagem da Jezebel e da Mammy se moldam. Enquanto a Jezebel é representada como sexualmente agressiva e insaciável, a imagem de controle da Mammy é fundamentada na trabalhadora doméstica negra. Pensando nas aproximações possíveis entre o contexto estadunidense em relação ao brasileiro, podemos pensar que a Jezebel estaria mais próxima da imagem da mulata e a Mammy, da mãe preta. Ainda que não haja um paralelo direto, cabe incluir aqui a imagem de controle da matriarca negra ou *bad black woman*, construída pela autora a partir da maternidade em relação à criança negra. Por estarem ausentes de suas casas em razão da excessiva carga de trabalho e, por isso, não conseguirem acompanhar de perto as questões escolares, além de sua suposta agressividade com seus filhos, as mães negras estadunidenses foram parcialmente responsabilizadas pelos problemas sociais enfrentados pelos/as jovens negros/as.

Tais imagens sustentam uma posição extremamente desigual que mantém as mulheres negras na base da pirâmide socioeconômica ao mesmo tempo que produz subjetividades. Em relação ao contexto brasileiro, Gilberto Freyre – um dos mais proeminentes pensadores da sociologia brasileira –, em sua obra *Casa-grande & senzala* (2005), descreve o cenário da escravização no país, afirmando que, entre aqueles/as escravizados/as domésticos/as, as relações com os/as senhores/as seriam mais amenas, atravessadas por uma certa docilidade e afeição.

> *A casa-grande fazia subir da senzala para o serviço mais íntimo e delicado dos senhores uma série de indivíduos – amas de criar, mucamas, irmãos de criação dos meninos brancos. Indivíduos cujo lugar na família ficava sendo não o de escravos mas o de pessoas de casa. ... Quanto às mães pretas, referem as tradições o lugar verdadeiramente de honra que ficavam ocupando no seio das famílias patriarcais. Alforriadas, arredondavam-se quase sempre em pretalhonas enormes. Negras a quem se faziam todas as vontades: os meninos tomavam-lhe a benção; os escravos tratavam-nas de senhoras ... (Freyre, 2005, p. 435)*

É por meio da propagação e fixação de narrativas como a de Gilberto Freyre que a mãe preta se consolida retratando certas mulheres negras em imagens praticamente congeladas ao longo da história do Brasil. A mãe preta representa a escravizada mais velha, aquela que realiza as tarefas domésticas e cuida de todas as pessoas com muita dedicação, agindo como se fossem seus/suas filhos/as: "esta figura simpática, amorosa e inofensiva realiza a aceitação sem resistência do poder instituído, da escravidão" (Cardoso, 2014, p. 976). Portanto, a mãe preta serve à fixação das mulheres negras no trabalho doméstico: um corpo sem desejo sexual, fiel escudeira dos patrões, a cuidadora de todos/as. Ela é a doméstica, ou seja, a domesticada, a mansa, inofensiva, a "criada". É aquela que sabe muito bem qual é o seu "lugar" e é nele que se mantém.

A nomeação como "mãe preta" revela as barreiras simbólicas impostas à maternidade para as mulheres negras brasileiras: ela não é mãe, ela é mãe preta. A inserção do elemento "preta" ao lado da noção tão idealizada de "mãe" demarca com intensidade a racialização e a posição subalterna atribuída à mulher negra, pois a nomeação como preta designa uma posição de Outridade destinada às pessoas negras, nas quais são projetados aspectos reprimidos na sociedade colonial branca, principalmente aqueles relacionados à agressividade e à sexualidade, por se constituírem enquanto grandes tabus sociais (Kilomba, 2019).

Lélia Gonzalez (1984) parte da teoria do racismo como sintoma da neurose cultural brasileira, analisando a associação entre racismo e desejo por meio de três figuras: a mulata, a doméstica e a mãe preta. A autora parte de uma posição disruptiva ao dar um lugar de destaque analítico à mãe preta, problematizando o lugar de subserviência que a narrativa hegemônica lhe conferiu e revelando a sua importância no processo de constituição da subjetividade e na formação da cultura brasileira. A grande reflexão de Gonzalez (1984) é, a partir de uma leitura psicanalítica, afirmar: a mãe preta é a mãe! Aquela que faz parte do processo de constituição do sujeito, responsável pelos cuidados, transmissora da linguagem. Não do português "puro", colonial, mas sim do pretuguês, passando ao bebê, consciente e inconscientemente, algo do que é seu, algo do que é preto. Dessa maneira, a mãe preta transmite a africanização do português. Assim, a intelectual faz um giro no pensamento social brasileiro ao trazer a mãe preta como protagonista da cena, como fundadora de toda expressão linguística e cultural brasileira. Gonzalez (1984) destaca a língua enquanto veículo privilegiado da transformação cultural e é justamente a mãe preta quem realiza tal transformação de um modo que pode não ser reconhecido. A mãe preta é "quem vai dar uma rasteira na raça dominante" (Gonzalez, 1984, p. 235). Devido a esse não reconhecimento é que a importância da figura da babá na constituição subjetiva da criança permanece velada.

Nessa perspectiva, haveria um ocultamento das questões eróticas relacionadas à babá e à criança de quem ela cuida na teoria edípica freudiana. Anne McClintock, no livro *Couro imperial: raça, gênero e sexualidade no embate colonial* (2010), aprofunda as investigações acerca da sexualidade feminina, posição social e estrutura de classes.

> *Ao registrar suas memórias de infância, Freud atribui à babá um papel poderoso como agente sexual, mas quando elabora sua teoria do Édipo alguns dias depois, ele não só bane de cena a "primeira originadora", mas substitui sua memória da impotência sexual (falta de capacidade sexual com a babá) pela teoria da agressão sexual (excesso de capacidade sexual com a mãe). (McClintock, 2010, p. 142)*

Freud já demonstra em suas teorizações que seria impossível romper a ambiguidade entre ambas as figuras (mãe/babá), a qual estaria relacionada à divisão doméstica entre a mãe de classe média e a mãe pobre assalariada (McClintock, 2010, p. 145). Em relação ao cenário brasileiro, em paralelo, o psicanalista Rafael Alves Lima (2019) defende, com base na presença histórica e assídua da mulher negra no terreno da transmissão e cuidado diário, uma releitura do complexo de Édipo que inclua as babás, já que elas desempenham um papel essencial na maternagem e na função constitutiva de crianças brancas de classe média/alta.

> *Como pôde o campo psicanalítico no Brasil desenvolver um discurso tão abundante e rigoroso sobre a maternidade,*

> *pautado nas teorizações anglo-saxônicas, a despeito da percepção de que o exercício real e concreto da maternidade é objetivamente desempenhado por babás geralmente negras nos lares das classes médias e altas, ou entre famílias de camadas sociais minimamente distintas?* (Lima, 2019, p. 29)

Além disso, embasada em teorias psicanalíticas, Gonzalez (1984) traz grandes contribuições acerca das conexões entre as figuras da mulata e da doméstica, entrelaçadas por meio da figura da mucama, aquela responsável pelas tarefas domésticas, incluindo as suas atividades secretas de cunho sexual com os senhores brancos. Nas cenas de carnaval, podemos perceber uma reencenação do mito da democracia racial em que a mulher negra – a mulata – ganha destaque, podendo ser desejada sexualmente de forma mais aberta. É ali que a mulher negra sai da cozinha para a passarela do samba. Ela deixa a sua posição de trabalhadora doméstica para ser glamourizada como a mulata "tipo exportação". O que vai definir sua posição é a situação social (Gonzalez, 1984, p. 228). Se a mulata tem seus dias de fama durante o curto período de carnaval, no cotidiano o desejo pela mulata é reprimido e o que lhe resta é o lugar servil. Assim, a partir da oposição entre ocultamento e brilho, a autora demonstra que a figura da mulata e da doméstica dizem respeito à mesma pessoa: a mulher negra. Nessa lógica, a análise de Gonzalez (1984) denuncia um processo de colagem entre aquela que presta um serviço doméstico e aquela vista como puro corpo à disposição, corpos para se "comer com os olhos". É via esse processo que as mulheres negras ainda são compreendidas na contemporaneidade, por meio de uma posição discursiva que contém remanescência da ama de leite, da mãe preta, da mucama e da mulata. Mas e a mãe?

Entender-se como mãe, tomar para si os significantes associados, faz com que se assuma um lugar dentro da família, da sociedade, e, mais particularmente, diante daquele/a nomeado como filho/a.

Implica uma relação específica com esses termos na cultura e na história singular, assumindo uma postura de adesão, ressignificação ou oposição aos sentidos que lhe foram atribuídos. Por sermos seres de linguagem, existe sempre uma tomada de posição frente às nomeações que nos dizem respeito (Teperman, Garrafa & Iaconelli, 2020).

Em um primeiro momento, é preciso ressaltar as complexas dimensões da linguagem que atravessam os termos ligados à maternidade. A própria definição de "maternidade" é curiosa devido à multiplicidade de sentidos a ela atribuídos. Em consonância, o termo "mãe" se relaciona à mulher que pariu o bebê, à mulher responsável por seus cuidados sem tê-lo parido, à mulher que é responsável legalmente, mas que dele não se ocupa. Resumidamente, podemos entender que a maternidade produz um lugar social que classifica as mães entre as de primeira ou de segunda classe. A partir de tais posições sociais emergem táticas de controle específicas: enquanto o Estado apoia as primeiras em suas funções "sagradas", vigia as "limitações e coíbe os vícios" imputados às segundas (Iaconelli, 2023).

A idealização do modelo patriarcal formado pela família nuclear heterossexual com as funções parentais coladas aos papéis de pai e de mãe acaba ofuscando as relações de poder e de violência. O imperativo desse modelo, que preconiza a importância de ter filhos/as como parte essencial da identidade e reconhecimento social de uma mulher, ideologicamente tem como mãe idealizada a mulher branca, cisgênera, heterossexual, casada, com recursos financeiros e adulta. Em contrapartida, a maternidade se constitui como uma tarefa árdua e complexa às mulheres negras, visto que a dinâmica social que organiza o nosso país situa a mulher negra pobre em uma posição contraditória em relação à maternidade. As imagens de controle colocam a mulher negra como a cuidadora de muitos – seja como babá, doméstica, cozinheira, diarista ou tia (as "estrangeiras familiares") –, apontando como possibilidade de gozo a associação de sua função como mãe preta/cuidadora que se estende aos filhos das patroas brancas e a toda a família para quem trabalha, o que também vai ecoar nos cuidados de sua própria comunidade e de sua família consanguínea. Essas imagens de controle reforçam as imensas barreiras estruturais e simbólicas ao exercício de sua maternidade negra.

Fonseca (2002) afirma que nas famílias pobres permanecem as narrativas pejorativas, como "mães solteiras", "filhos largados ou abandonados", "famílias desestruturadas", apontando um suposto fracasso na formação do ideal de família nuclear. Nesse sentido, a pesquisadora aponta ainda a presença do discurso sobre a importância da figura do "homem da casa" para "botar respeito" dentro do lar como estratégia de atestar a integridade moral das mulheres e como proteção frente à fragilidade da proteção do Estado. Assim, a figura de homem/marido serviria como anteparo ao corpo dessas mulheres supostamente acessíveis, aquele que facilmente pode ser tocado ou falado, de acordo com a permissividade social explícita pelas imagens de controle.

A pesquisa de doutorado realizada pela psicanalista Ana Musatti-Braga (2016) evidenciou a suspeição que se dá acerca das mulheres negras como mães no imaginário social. A partir da pesquisa com adolescentes, estudantes de uma escola estadual de São Paulo, ela percebeu como esses sujeitos eram nomeados como "filhos dessas mães mal faladas" ou "filhos da puta". Sobre as mães desses adolescentes pairavam uma vigilância e uma suspeita constante do exercício do seu papel de mãe, relacionadas à sua reputação.

> *Em relação a elas eram comentários, cuja espinha dorsal consistia num ataque a tudo que extrapolasse o que era considerado e estabelecido como obrigações maternas: "Para se arrumar ela tem tempo, mas para vir à reunião da escola..." ou "de sair ela gosta, mas para acompanhar as lições...". Quando aparecia nas falas dessas mulheres, o desejo de ter um tempo só delas ou só com seus*

> *companheiros, ou alguma situação em que ficavam explícitos vaidade, erotismo, suas vontades e seus prazeres para além de ter um filho ou de ser mãe, o que aparecia era uma crítica dissimulada pelas reticências acompanhadas de um semblante de reprovação. (Musatti-Braga & Rosa, 2020, p. 4)*

Tais análises demonstram como a legitimação oriunda da posição social de mãe não é influenciada apenas pela categoria de gênero, já que os marcadores de raça e a de classe também vão moldar posições da rede discursiva. Desse modo, a violência contida na nomeação de mães negras e pobres como "putas" recai sobre seus filhos e filhas: filhos/as da puta, evidenciando uma estratégia de dominação. Por meio de tal estratégia, a pluralidade e a alteridade são apagadas, restando apenas um traço de inferiorização homogeneizante entre aqueles/as dominados/as: todas putas ou filhos/as dessas. Nessa lógica de violência racista e sexista, a função paterna fica limitada à figura do homem da casa, aquele responsável por colocar respeito e estabelecer a ordem no ambiente familiar diante do ideal de família nuclear. Dessa forma, a integridade moral das mulheres negras e pobres se associa à presença desse homem/pai em seus lares. Na ausência da figura paterna, essas mães são desqualificadas como "mães solteiras" de filhos/as "largados/as", compulsoriamente responsabilizadas pelas dificuldades de aprendizagem ou por seus comportamentos agressivos, relação normalmente presente em famílias nomeadas como desestruturadas. Logo, até mesmo a potência de cuidar dos/as filhos/as sozinha ou com pouco apoio é socialmente desqualificada (Musatti-Braga, 2016). Dessa forma, a "contínua tentativa de degradação do lugar da mãe, do pai e do filho, na nomeação filho da mãe/filho da puta, implica uma dificuldade no que se refere à filiação, não especificamente na trama familiar, mas na rede social" (Musatti-Braga & Rosa, 2020, p. 13).

Nesse sentido, Musatti-Braga (2016), em sua tese de doutorado, traz apontamentos interessantes sobre as identificações de sua participante, mulher negra e pobre nomeada como Silvana. A participante revela inúmeras situações em que é subitamente criticada por estranhos/as pelo fato de ter nove filhos/as. Nessas cenas, Silvana também costuma ser questionada se todos/as os seus e suas filhos/as teriam um mesmo pai, afirmando que a forma como lhe fazem tal pergunta a faz pensar que ali há algo subentendido que procura lhe desvalorizar: "Se teve nove filhos... será que foi mulher de programa, será que deu para qualquer um?" (Musatti-Braga, 2016, p. 185). Entre ditos e "mal-ditos", o que se afirma em tais interpelações sociais é essa suposta permissividade sobre o corpo de negras e pobres e o nascimento dos/as filhos/as como um processo associado meramente à reprodução. Esses discursos racistas situam os/as filhos/as de Silvana como frutos de uma relação de dominação, e não de desejo de um casal, o que faz com que sejam reconhecidos não como filhos/as de uma mulher desejante, cujo desejo não se encerraria nos filhos/as e estaria para além deles, mas de um relacionamento inerente a uma relação de servidão e dominação (Musatti-Braga & Rosa, 2020). A contínua tentativa de degradação do lugar da mãe, do pai e do/a filho/a, na nomeação filho da mãe/filho da puta, implica uma dificuldade no que se refere à filiação, não especificamente na trama familiar, mas na rede social.

Em sua entrevista, Silvana narra ainda uma cena em que estava num espaço público com seu filho mais velho, cuja pele é mais clara que a sua. Ao ser vista por uma desconhecida, é imediatamente enxergada como a babá do menino. Ao afirmar que o menino é seu próprio filho, a desconhecida lhe questiona se ele seria, então, fruto da violência de seu patrão. Enquanto uma parcela da população pode ter as situações de nascimento e de luto, de vida e de morte, entendidas como incluídas no campo subjetivo e do desejo, as escolhas das mulheres negras parecem apartadas das experiências humanas, como se estivessem articuladas a um campo de pura necessidade, retiradas e afastadas do campo pulsional (Musatti-Braga & Rosa, 2020).

Dentro desse processo racista ambíguo em que, ao mesmo tempo, esses sujeitos esbarram na desqualificação do discurso social hegemônico, há uma narrativa social que coloca a maternidade e o cuidado como supostas possibilidades de reconhecimento e de agência à mulher negra, maternidade que está hegemonicamente vigiada, controlada e até interditada. Dessa maneira, as mulheres mãe negras tornam-se sujeitos incompletos dentro do laço social. Posicionar o sujeito em uma relação de objeto

> *é uma das modalidades de violência, a que tenta retirar a humanidade do sujeito: ao inferiorizá-lo afirmando que estaria no campo animalesco, desconsideram-se seus atos como próprios do campo pulsional, deslegitimando sua fala, seu afeto, seu grito e sua luta. (Musatti-Braga7 Rosa, 2020, p. 14)*

É por meio dessas representações sociais e políticas das mulheres negras, mães e pobres que elas são niveladas e controladas por imagens que apagam a sua pluralidade, dando lugar apenas ao traço de inferiorização que prevalece. Portanto, as mães negras são continuamente lembradas como aquelas que serviriam ao prazer de outro e que seriam seu objeto, apontando uma contiguidade simbólica com aquelas que foram literalmente propriedade de um outro, mulheres escravizadas, fenômeno observado por meio da constituição histórica das imagens de controle. As mães não são reconhecidas somente como mulheres e mães. Elas possuem outro traço identificatório em comum extremamente relevante: a negritude. Esse é um traço identificatório fundamental no imaginário social brasileiro, cujo simbolismo exerce influência concreta e marcante no modo de inscrição na rede discursiva, no pertencimento, a forma de se reconhecer e ser reconhecida (Musatti-Braga & Rosa, 2020, pp. 10-11).

Construindo imagens de des-controle

Para pensarmos na constituição de imagens autênticas de si para mulheres mães negras, recorremos à arte conforme foi conceituada por Alfred Gell (1998), para quem a arte vai muito além da concepção do que é belo e/ou agradável, constituindo-se em um modo de agir no mundo. A arte interessa por suas capacidades provocativas, por suas potências de captura e de transformação. As obras e os objetos artísticos são importantes não apenas por agradar aos sentidos, mas pelas consequências sociais que sua produção e propagação podem produzir. Ou seja, Gell (1998) aborda a noção de agência a partir das expressões artísticas que, bem mais do que elementos contemplativos, impulsionam a reflexividade e os processos de transformação social. Por meio das expressões artístico-culturais, é possível constituir identificações contingentes entre os sujeitos negros ao entendê-las como criadores de imagens e estratégias políticas que impulsionam a autodefinição e a autoavaliação, ideia analisada por Collins (1986/2016) pela perspectiva do feminismo negro. Para a autora, a autodefinição envolve desafiar o processo de validação do discurso colonial que resultou em imagens estereotipadas externamente definidas da condição feminina e negra. Já a autoavaliação enfatiza o conteúdo específico das autodefinições das mulheres negras, substituindo imagens externamente definidas por imagens autênticas de si (Collins, 1986/2016, p. 102).

Neste ponto, buscamos realizar um giro decolonial. Se iniciamos esta escrita capturadas pelas imagens de ama de leite presentes em quadros artísticos históricos, finalizamos agora com uma imagem enegrecida de autodefinição criada pela artista visual Rosana Paulino.

Tal imagem faz parte da série *Assentamento*, palavra que nos remete à ação de fundar, criar raízes. Segue a compreensão da própria autora:

> *A palavra assentamento me interessa em dois sentidos. Pelas questões da africanidade e pela questão da fundamentação. Se olharmos a palavra assentamento, ela tem o sentido de assentamento de base, de estrutura, de tijolo, de fundação, mas assentamento para as religiões afro-brasileiras é onde você assenta a força de um templo, a força daquela casa de um templo. O Axé daquela casa. (Paulino* apud *Antonacci, 2017, p. 284)*

A artista parte das fotografias produzidas entre os anos de 1865 e 1866 pelo fotógrafo Auguste Stahl para o zoólogo franco-suíço Louis Agassiz, as quais seriam utilizadas para catalogar os biotipos dos povos africanos, buscando a comprovação da superioridade racial branca oriunda do racismo científico. As reverberações de tais fotografias para a artista provocam a construção da série *Assentamento* em 2012, que problematiza o paradoxo do poder (Piccoli & Nery, 2018). Escolhemos descrever e analisar, neste texto, a obra considerada por nós como a mais impactante da série, na qual a artista recorta a imagem de uma mulher negra escravizada anônima presente, fotografada antropometricamente por Stahl, em diversos pedaços. A imagem apresenta uma mulher negra e nua em posições de catalogação científica: frente, costas e perfil. A figura, impressa em tamanho real, é recosturada, ou melhor, suturada, de uma maneira que desalinha as partes recortadas, mostrando o "refazimento" das pessoas negras em diáspora (Paulino, 2024). A sutura busca reunir os pedaços após a fragmentação do trauma colonial. São corpos re-feitos. A mulher negra anônima da imagem colonial ganha um feto na reconstituição artística de Rosana Paulino. É uma imagem da mulher negra grávida!

A artista busca humanizá-la ao costurar nela a figura simbólica de um Brasil em gestação.

***

Na contramão da posição de objetificação da mulher negra na imagem original, o que a imagem criada por Paulino (2024) transmite é a narrativa da mulher negra como precursora, aquela que conseguiu plantar uma sociedade e assentar um país. Rosana Paulino resgata a feminilidade e a negritude anteriormente apagadas na imagem de Auguste Stahl. A obra de Paulino carrega uma significação político-cultural e desejante. Ao inverter o sentido da gira das relações de poder e "des-cobrir" o véu colonial formador das imagens de controle, a mulher negra não é mais anônima. Ela é a mãe da cultura brasileira. Como já revelava Lélia Gonzalez (1984): a mãe preta é a mãe.

Conclusão

O processo histórico de violência colonial lança a mulher negra em lugares servis, justificados e (re)produzidos por meio de imagens que controlam a sua sexualidade e sua agência enquanto sujeito. Assim, a imagem da mulher negra que domina o imaginário social brasileiro a objetifica e a oprime com o objetivo de fixá-la em posições sociais que a deslegitimam, produzindo um lugar comum na rede discursiva em que elas são hegemonicamente tomadas pelo traço da submissão e servidão.

Ao longo deste texto, foi possível analisar diversas barreiras sociais e simbólicas à maternidade negra, as quais estão associadas às categorias de raça, gênero, sexualidade e classe. Buscando criar fissuras no racismo e sexismo discursivo da cultura brasileira, refletimos acerca da arte e suas possibilidades, ressaltando a sua dimensão política. A agência da arte permite às mulheres negras a construção de imagens autênticas sobre si. Para finalizar esse giro, retomamos aqui um trecho do poema: "Mulher/corpo negro livre/fruto da plantação/é das negras sementes que nasce/o seu filho Brasil" (Pereira, 2024, no prelo).

Referências

Alencastro, L. F. D. (1997). *História da vida privada no Brasil.* Companhia das Letras, 2019.

Albuquerque, L. (1912). Mãe Preta. Óleo sobre tela, 180 x 130 cm. Salvador: Museu de Arte da Bahia. *Enciclopédia Itaú Cultural de Arte e Cultura Brasileira*, 2024. https://enciclopedia.itaucultural.org.br/obra3242/mae-preta

Antonacci, C. M. (2017). Rosana Paulino: enunciações poéticas de arte africana contemporânea. *Rebento*, (6), 272-291.

Calcanhoto, A. (2024). 2 de Junho. *Letras.* https://www.letras.mus.br/adriana-calcanhotto/2-de-junho/

Cardoso, C. P. (2014). Amefricanizando o feminismo: o pensamento de Lélia Gonzalez. *Revista Estudos Feministas*, *22*, 965-986.

Collins, P. H. (2016) Aprendendo com a outsider within [Trad. Juliana de Castro]. *Sociedade e Estado*, *31*(1), 99-127. https://www.scielo.br/j/se/a/MZ8tzzsGrvmFTKFqr6GLVMn/?format=pdf (Trabalho original publicado em 1986).

Collins, P. H. (2019). *Pensamento feminista negro: conhecimento, consciência e a política do empoderamento* (J. P. Dias, Trad.). Boitempo.

Ferreira, L. G. (1999). *Suaves amazonas: mulheres e abolição da escravatura no Nordeste.* Ed. Universitária da UFPE.

Fonseca, C. (2002). Mãe é uma só? Reflexões em torno de alguns casos brasileiros. *Revista Psicologia USP*, *13*(2), 49-68. https://www.scielo.br/j/pusp/a/fxQjKZ6byk9xVz5BHsN7Ntg/?lang=pt

Fonseca, C. "Miguel é filho e neto do Brasil porque todos buscam a mesma coisa, justiça", diz mãe de Miguel em live com Adriana Calcanhotto. 18 set. 2020. https://jc.uol.com.br/brasil/2020/09/11975796--miguel-e-filho-e-neto-do-brasil-porque-todos-buscam-a-mesma-coisa--justica---diz-mae-de-miguel-em-live-com-adriana-calcanhotto.html

Freyre, G. (2005). *Casa-grande & senzala: formação da família brasileira sob o regime da economia patriarcal* (50. ed.). Global.

Gell, A. (1998). *Art and agency: an anthropological theory*. Clarendon Press.

Gonzalez, L. (1984). Racismo e sexismo na cultura brasileira. *Revista Ciências Sociais Hoje*, 2(1), 223-244.

Iaconelli, V. (2023). *Manifesto antimaternalista. Psicanálise e políticas da reprodução*. Zahar.

Kilomba, G. (2019). *Memórias da plantação: episódios de racismo cotidiano* (J. Oliveira, Trad.). Cobogó.

Lima, R. A. (2019, jan.-jul.). Édipo negro: estrutura e argumento. *Acta Psicossomática*, 2(1), 26-39.

McClintock, A. (2010). *Couro imperial: raça, gênero e sexualidade no embate colonial* (P. Dentzien, Trad.). Editora da Unicamp.

Musatti-Braga, A. P. (2016). *Os muitos nomes de Silvana: contribuições clínico-políticas da psicanálise sobre mulheres negras* (Tese de Doutorado em Psicologia, Universidade de São Paulo). https://www.teses.usp.br/teses/disponiveis/47/47133/tde-10052016-104955/publico/braga_corrigida.pdf

Musatti-Braga, A. P., & Rosa, M. D. (2020). Escutando os subterrâneos da cultura: racismo e suspeição em uma comunidade escolar. *Psicologia em Estudo*, 23, 1-16. https://www.scielo.br/j/pe/a/ZhGG5PXhym9ZBwms7CyGYcw/?format=pdf&lang=pt

Paulino, R. Assentamento. Americana: Museu de Arte Contemporânea de Americana, 2013. Catálogo Educativo, 7 de nov. 2013, p. 1. www.rosanapaulino.com.br/blog/wp-content/uploads/2013/11/PDF-Educativo.pdf

Paulino, R. (2024). Obras. *Rosana Paulino*. https://www.rosanapaulino.com.br/blank-5?pgid=lts50avu-f9f2e849-0e11-4625-af61-2b8942c6c24f

Pereira, C. (2024). *Mulher negra, corpo e terra*. No prelo.

Piccoli, V. & Nery, P. (2018). *Rosana Paulino: a costura da memória*. Pinacoteca de São Paulo.

Telles, L. F. da S. (2018). Amas de leite. In L. M. Schwarcz, F. S. Gomes. *Dicionário da escravidão e liberdade: 50 textos críticos* (pp. 99-105). Companhia das Letras.

Teperman, D., Garrafa, T., & Iaconelli, V. (2020). *Parentalidade*. Autêntica.

Truth, S. (2014, 8 jan.). E não sou eu uma mulher? [Trad. Osmundo Pinho]. *Geledés*. https://www.geledes.org.br/e-nao-sou-uma-mulher-sojourner-truth/

Villela, J. F. (2024). Augusto Gomes Leal com a Ama-de-Leite Mônica, 1860. *Enciclopédia Itaú Cultural de Arte e Cultura Brasileira*. http://enciclopedia.itaucultural.org.br/obra19781/augusto-gomes-leal-com-a-ama-de-leite-monica

Vitória, B. (2023, jul.). Caso Miguel: conceito de racismo estrutural motiva decisão histórica do TST. *Repórter Brasil*. https://reporterbrasil.org.br/2023/07/caso-miguel-conceito-de-racismo-estrutural-motiva-decisao-historica-do-tst/

7. Violência obstétrica-analítica

Simone Z. Heissler

Nos últimos anos, temos acompanhado a expansão do movimento feminista e um certo reaquecimento da causa, trazendo para o campo da cultura antigas e também novas discussões e proposições no que tange mulheres, equidade de direitos, papel social, bem como a sexualidade no mais amplo sentido, entrando nesse rol a maternidade.

Como efeito desse movimento, temos tido produções importantíssimas (que considero revolucionárias), como o recente livro da psicanalista Vera Iaconelli intitulado *Manifesto antimaternalista* (2023), no qual a autora discorre sobre a construção dos ideais de maternidade, centrando na adesão compulsória da mulher ao papel de mãe, forjado pelo cultura patriarcal e capitalista, desmistificando o ideal do amor e instinto materno, e também fazendo um trajeto por inúmeras violências que atravessam o corpo capaz de gerar filhos.

Nesse diapasão, a pensar sobre mulheres que geram filhos, eu mesma tenho circulado nos últimos anos em diversas posições como: mulher grávida, mãe, analista grávida, e também, pesquisadora dos temas relativos à parentalidade, perinatalidade, principalmente do ponto de vista da analista grávida e os efeitos dessa gravidez e puerpério na clínica. Sendo assim, este ensaio parte também da minha própria experiência, sendo mulher branca cisgênero.

A vivência de gestar e analisar, gestar e simultaneamente estar disponível a uma escuta flutuante enquanto um bebê flutua no ventre, me pôs frente a questionamentos acerca desse lugar tão particular e feminino que é de gerar uma vida, oferecer o corpo como morada a um outro ser, desconhecido, à mercê passivamente de todas as transformações que atravessam a mente e calcam o corpo. Corpo esse que é um corpo social, cujos contornos e delineadores têm sido, ao longo da história que nos precede, circunscritos pelo sistema patriarcal, isto é, pelos ditames daqueles que detêm os poderes nas escalas sociais, o homem e seu falo, que no usufruto desse falo, designou enquanto detentor das normas sociais, a que se prestaria o corpo e o sexo da mulher, questão que vem sendo combatida há anos pelos movimentos feministas. Tais movimentos não são unificados, na medida em que são vários os feminismos, pois dependendo do meio social, da cor e de raça da mulher, as violências atingem diferentes proporções, emergindo, assim, reivindicações distintas.

Voltando ao tema da maternidade e do que é relativo ao obstétrico, tétrico, ao falar da fertilidade, do gerar e parir, que encanta e assusta, que não passa desapercebido, desse formato que toma o corpo e que desperta as mais variadas condutas e ambivalências, da adoração à repulsa, chegamos em um dos pontos bastante discutidos dentre as autoras que vêm produzindo acerca da mulher contemporânea e violências de gênero: a violência obstétrica. No contexto em que são postos esses estudos, temos mulheres de variadas camadas sociais, frágeis por excelência na medida em que a gestação provoca inúmeras mudanças e, por vezes, desconfortos físicos, mas ante um momento em que o psiquismo encontra-se regredido, às voltas com o narcisismo, bem como atravessado por medos e ansiedades pela chegada do bebê com suas inerentes transformações, como diz Lang Lima (2022): "No tornar-se mãe, há uma espécie de invasão ao corpo feminino, que de propriedade privada passa a um corpo para dois" (p. 28).

Dentre as camadas da violência obstétrica estariam presentes as cesáreas desnecessárias, as incisões e cortes feitos sem consentimento ou sem real necessidade, e os saberes sobre o que deve ou não deve fazer a gestante sobre o plano de parto, entre outros aspectos (Iaconelli, 2023). Para além dos ensejos que permeiam o corpo propriamente dito, parte dessa violência obstétrica também passaria pela pouca atenção à subjetividade da mulher grávida. Isso também se relaciona, de alguma forma, com a falta de escuta em relação à gestante por parte das equipes hospitalares, bem como quaisquer outros profissionais da área da saúde. O período chamado perinatal contempla gestação-parto-puerpério. Conforme Iaconelli (2023), é "palco privilegiado para o traumático". O traumático, a que se refere a autora, nesse caso, seria estrutural, "como excesso do vivido que o simbólico não é capaz de nomear, mas também contingencial – como no caso da violência obstétrica e outras intercorrências –, que incrementa intensidades, produzindo sofrimento" (p. 154).

Enquanto se tem discutido a violência obstétrica e esta ocorre nas instituições hospitalares, minha proposta é pensar acerca das nossas instituições de formação de analistas. Gostaria de propor uma reflexão sobre como temos feito e como temos acompanhado, como temos escutado, a partir de quais paradigmas temos olhado as analistas grávidas em uma instituição de formação psicanalítica. Temos de algum modo reproduzido uma espécie de violência obstétrica psicanalítica?

Pensando na lógica da formação psicanalítica – o famoso tripé proposto por Freud (1912/2017b): teoria, supervisão e análise pessoal –, convido a revisarmos esses elementos a partir de alguns recortes de minha memória enquanto analista grávida ou do que tenho escutado enquanto colega e supervisora, visto que a ocorrência de uma gestação durante a formação não é fato inédito, muito pelo contrário: uma parcela significativa das analistas em formação acabam por buscar esse espaço de estudo justamente quando há, em sua trajetória, a possibilidade de investir os custos dessa formação, coincidindo esse período com os tempos em que a decisão de ter ou não ter filhos também está sob perspectiva.

A formação é composta por um conjunto de seminários, variando de instituição para instituição, em número, duração e apresentação (anual, semestral). É tolerável um número X de faltas nesses seminários, passando disso, esse dado estaria perdido, tendo de ser refeito. O mesmo vale para a carga horária de supervisão. Há registro em minha memória daquelas colegas que são boas nos cálculos, na métrica e contaram com um tanto de sorte e que, estando grávidas durante a formação, tiveram os bebês em dezembro, passando os três meses das férias de seminário não tendo que se ocupar com as faltas ou a possibilidade de interrupção dos estudos teóricos e supervisão. No quesito sorte, considero que durante minha gravidez, estando eu na formação, fui beneficiada pela possibilidade do diálogo, no qual me foi perguntado como eu gostaria de fazer, qual era meu plano, e recebi todo o apoio, logístico inclusive, para manter meus seminários, para compensar minhas faltas de outras formas etc. Porém, considero que minha sorte foi contar principalmente com mulheres na direção dessas decisões, na ocasião. Contudo, os destinos desses diálogos nem sempre estão assegurados por uma escuta afetiva: aconselhamentos de interrupções de seminários e de supervisão, ou ainda um aconselhamento tal como "você não dará conta" é uma forma das expressões que circulam endereçadas às analistas grávidas em formação, e que certamente soam inocentes para quem proclama, ao passo que não ingressam sem um custo às mulheres que tentam equilibrar uma futura maternidade com uma trajetória clínica que já existe e tão investida.

Talvez uma possibilidade fosse deslizarem de "*você* não dará conta" para "como *podemos* fazer dar conta?", na medida em que o coletivo se faz imprescindível no puerpério e na criação-educação das crianças. Para Iaconelli (2023), a convalescência da puérpera e o desamparo do bebê implicam que a perinatalidade esteja intrinsecamente ligada às redes de apoio sociais que envolvem a mulher (p.

119). A decisão de levar adiante uma gestação de um novo ser no mundo é íntima e individual, mas o efeito dessa decisão recai inevitavelmente sobre o coletivo, não é mesmo? Nesse sentido, caberia uma importante reflexão também dentro das nossas instituições, para que não deleguemos ao fator sorte a possibilidade de uma analista grávida estar amparada e assegurada pelos seus pares ou angustiada e desamparada sobre seu futuro junto à instituição.

No que tange à supervisão, o que tem sido expresso pelas analistas grávidas em formação tem relação com o reconhecimento, por parte dos supervisores, dos efeitos da gestação na relação transferencial. Como poderia esse corpo que se modifica a olhos nus, nudez que circunda a fantasia dos analisandos, e que evidencia que a analista faz sexo, passar desapercebido? Aos olhos da supervisão, eventualmente passa. Novamente reitero que não é uma regra que assim seja, contudo, também não se trata da exceção. Cabe aqui uma pergunta: em caso de a analista adoecer gravemente, ou estar de muletas por alguma fratura, por exemplo, tal acontecimento não seria visto em supervisão como parte presente na transferência que se apresenta? Leite (2020) refere que a possibilidade de identificação da supervisora, que já fora mãe e também analista grávida, com suas supervisionandas que estão gestando e carregam as angústias próprias desse momento, facilita o exercício de uma função de ligação, bem como de um terceiro com "Uma tarefa que parecia então ser a de conter a angústia, tranquilizar as novas mamães e lhes assegurar espaço de investimento nos próprios umbigos, transmitir a experiência de que seria possível voltar" (p. 187). A partir dessa experiência, fica clara a importância da alteridade, bem como da escuta e da identificação entre supervisora e supervisionada na perinatalidade.

Em direção ao terceiro e último componente do tripé, a análise pessoal, caberia pensar sobre como nós analistas combinamos o período de licença, o retorno e a frequência das analistas em formação que estão no puerpério. É possível uma análise em alta frequência com um bebê de poucos meses? Cabe interpretarmos como resistência um desejo de diminuição de frequência nesse contexto? Freud (1912/2017b) é muito claro ao proferir as recomendações para aqueles que exercem a psicanálise quando diz que "essa técnica resultou como a única adequada para mim, como indivíduo; não ouso questionar que outra personalidade médica, de constituição totalmente diferente, possa se ver impelida a privilegiar outra postura em relação ao doente e à tarefa a ser resolvida" (p. 93). Esse singelo trecho é extremamente valioso, porque lembra aos analistas do presente tanto sobre renúncia quanto sobre a possibilidade de criar a partir do mestre. Com isso, quero dizer que não devemos trabalhar com o protocolar e compulsório na clínica, ainda mais com uma analisanda grávida, dados termos já expressos ao longo desta escrita.

Vale ressaltar ainda a importância atrelada à disposição do analista em reconhecer a experiência de sua analisanda enquanto grávida como sendo detentora de particularidades extras, bem como a puérpera. Há quem diga que, como analistas, devemos aguardar um novo sujeito a cada sessão, mesmo que já o conheçamos há anos. É um encontro sempre novo entre analista e analisando. Passar por uma gravidez, em especial a primeira, de fato faz surgir um novo ser na análise, e a disposição para escutar essa chegada, claro, passa pelo comprometimento do analista com seu próprio tripé. Recordo agora de uma colega analista que, indignada, contava: "saí para ganhar o bebê e o analista me desejou boas férias", ao que ela, com a perspicácia de quem sentia o que estava por vir, ainda que mãe de primeira viagem, respondeu: "com certeza não serão férias!". Talvez novamente não iremos duvidar da tentativa afetiva desse analista em fazer o desejo de um bom momento à sua prezada analisanda prestes a ver seu mundo nunca mais ser o mesmo. Porém, se entendemos que as palavras vêm carregadas de significados, podemos pensar que as boas férias ingressam para a analisanda como um não reconhecimento de toda a sua angústia com a eminente chegada do bebê.

Nesse diapasão, como uma espécie de violência obstétrica analítica, inserem-se as marcas e as incisões em forma de palavra ou silêncio, que ferem, deixam cicatrizes e têm impactos significativos nos destinos das jovens mães analistas, indicando uma certa presença de um ideal de gênero no qual a mulher, somente a mulher, precisa se haver com as faltas e excessos provenientes dos modelos institucionais. É importante lembrar que homens se tornam pais também com muita frequência durante a trajetória institucional, e os impactos da paternidade ou da perinatalidade sobre eles são bastante distintos em relação à mulher.

Ainda que os estudos apontem, conforme Badinter (1985), que o mito do amor materno de instintual tem muito pouco, socialmente estamos diante de uma extensa cadeia de acontecimentos políticos e sociais a fomentar uma narrativa de que a mulher é quem cuida, já que "mãe é mãe", ainda que também seja provedora, o que não encontra um equivalente no mundo masculino (Iaconelli, 2023, p. 80). Em nosso meio analítico, assistimos as analistas cuidando de seus bebês e filhos ao mesmo tempo que retornam "correndo" ao trabalho-instituição, muitas vezes poucos dias após o parto, com medo de perder lugar, perder pacientes, posições. Sabemos que esses temores são dados de realidade para além da fantasia, as mulheres com filhos têm um atraso na trajetória profissional em relação às que não têm, ou aos homens.

Chama atenção que, sendo tantas as mulheres presentes na psicanálise como um todo, a questão da gestação e seu impacto na clínica, bem como na formação analítica, seja pouco anunciado e problematizado. Ocorre que estejamos também aqui nos havendo com isto que temos combatido e que é vívido e universal em nossa cultura, relacionado aos tabus em relação ao feminino, ou como retomam Degani e Seben (2022), a partir de Freud, o repúdio à passividade presente no inconsciente dos homens e também das mulheres. Não é novidade que o que sustenta a sociedade estabelecida em um patriarcado se apresente também entre nós, analistas. A novidade seria, ao que me parece, as aproximações entre o que são marcas do feminino e do masculino, enquanto passividade-atividade, como propõe Rosiska Oliveira (2012) em *Elogio da diferença*. Parece-me que as possibilidades de trânsito e fluidez entre as diferenças, no que tange às nossas instituições analíticas e as questões da gravidez de suas analistas, seria de grande proveito para todos os sujeitos, afinal, parece uma oportunidade ímpar adentrar enquanto supervisora ou supervisor nesse terreno espetacular que se transforma uma análise sob efeito das movimentações provocadas pela gravidez da analista: os conteúdos saltam aos olhos, a transferência ferve, tudo ocorre em modo intenso e caloroso, tornando-se uma possível fonte de saber do desejo do analisando (Heissler, 2020, p.74). Como analistas e instituição, seria a possibilidade de aproximação-conexão com uma mulher em transformação, suas fragilidades e angústias, não sendo passíveis somente de interpretação, principalmente por parte das instituições, mas também de acolhimento, parceria, podendo operar como um braço de apoio nessa rede que se faz necessária para que uma criança venha ao mundo e se torne um sujeito desejante. Em minha experiência com grupos de analistas gestantes, o espaço de reconhecimento, validação e troca de saberes sobre a experiência desafiadora que é gestar-analisar tem sido o ponto forte, que mais uma vez retorna para a importância de as instituições estarem comprometidas com o tema, uma vez que a presença das mulheres nesses espaços é soberana.

Ao recordar suas gestações vividas há mais de trinta anos, Corso (2020) refere: "lembro bem de querer que a maternidade passasse desapercebida, na verdade até de mim mesma" (p. 10). É uma lembrança pautada no tempo, três décadas nos distanciam dessa experiência. Viemos mudando com o tempo (e muita luta), é verdade, não passamos mais desapercebidas e nem queremos. Se o tempo de perinatalidade de uma mulher, analista, em formação ou não, é potencialmente traumático e se também é palco para diversas camadas de violências de gênero (Iaconelli, 2023), também pode ser um cenário para que o estado interessante das analistas grávidas, fazendo jus ao termo, torne também interessantes as análises e as relações entre analistas em formação e suas instituições (Heissler, 2020). Os psicanalistas teriam um compromisso ético de não reproduzir as violências, tão arraigadas dentro de cada um de nós. Ao discorrer sobre psicanálise selvagem, Freud (1910/2017a) nos atenta para o fato de que aqueles que não compartilham da concepção de psicossexualidade nem da resistência estariam incorrendo no exercício selvagem do ofício. Costurando esses ditos freudianos com a ideia deste ensaio, é imprescindível que analistas, supervisoras e instituições de formação de analistas se apropriem, estudem e reconheçam as marcas e os impactos de uma gestação e um puerpério de suas analisandas, supervisionadas e membros recém-mães, para que não incorram na selvageria. Um compromisso com as futuras gerações seria fazer desse momento ímpar – que é gerar uma criança – palco para a sororidade, para os afetos e, sobretudo, para o exercício da alteridade.

Referências

Badinter, E. (1985). *Um amor conquistado: o mito do amor materno.* Nova Fronteira.

Corso, D. (2020). Descortinando a gestação da analista. In R. Degani, S. Z., Heissler, J. Lang Lima, G. Seben, & M. P., Machado (Orgs.). *A analista grávida* (pp. 7-10). Artes e Ecos.

Degani, R., & Seben, G. (2022). Ser mulher é padecer no paraíso? O mal-estar feminino na atualidade. In *Pluralidades. A psicanálise entre o feminismo, o racismo e as questões de gênero* (pp.199-219). CEPdePA-Serra.

Freud, S. (2017a). Sobre psicanálise "selvagem". In *Obras incompletas de Sigmund Freud. Fundamentos da clínica* (pp. 81-92). Autêntica. (Trabalho original publicado em 1910).

Freud, S. (2017b). Recomendações ao médico para o tratamento psicanalítico. In *Obras incompletas de Sigmund Freud. Fundamentos da clínica* (pp. 93-106). Autêntica. (Trabalho original publicado em 1912).

Heissler, S. Z. (2020). Comunicação do desejo interessante e seus desdobramentos. In R. Degani, S. Z., Heissler, J. Lang Lima, G. Seben, & M. P., Machado (Orgs.). *A analista grávida* (pp. 59-78). Artes e Ecos.

Iaconelli, V. (2023). *Manifesto antimaternalista. Psicanálise e políticas de reprodução*. Zahar.

Lang Lima, J. (2022). *Tempos maternos. Reflexões de corpo e alma*. Artes e Ecos.

Leite, L. C. (2020). A Narciso e de volta à Édipo: pai, não nos deixei cair em tentação! In R. Degani, S. Z., Heissler, J. Lang Lima, G. Seben, & M. P., Machado (Orgs.). *A analista grávida* (pp. 181-190). Artes e Ecos.

Oliveira, R. D. (2012). *Elogio da diferença: o feminino emergente*. Rocco.

8. *Cherchez la femme, cherchez le genre*

Patrícia Porchat

"Procure a mulher, por Deus, *cherchez la femme*". A expressão "*cherchez la femme*" é atribuída ao romance *Os moicanos de Paris*, de Alexandre Dumas (pai), publicada originalmente em pequenos capítulos entre 1854-1859. Dumas também usou a expressão numa adaptação de seu livro para o teatro, em 1864: "Há uma mulher em todos os casos; assim que alguém me traz um relato (relatório), eu digo: *Cherchez la femme*!". A expressão se torna uma espécie de clichê do romance policial, sugerindo que sempre que há algo misterioso ou pouco compreensível, existe uma pista certeira a seguir: encontre a mulher (do caso) e o enigma se resolverá.

Em se tratando de casos clínicos atualmente, sobretudo naqueles que concernem a uma demanda acerca da identidade de gênero, devemos substituir o *cherchez la femme* pelo *cherchez le genre*. Procederíamos a um deslocamento da figura da mulher para o gênero feminino e, desse modo, nos aproximaríamos de uma compreensão do caso. O movimento de migração da mulher para o gênero se inscreve num conjunto de questionamentos feitos por alguns pensadores que formam o campo de debates entre a psicanálise e as teorias de gênero, as teorias feministas, a teoria *queer*, os estudos gays e lésbicos e os estudos transgênero. Na famosa e já bastante comentada intervenção de Paul Preciado na sessão plenária na 49ª Jornada da Escola da Causa Freudiana, em 2019, por exemplo, cujo tema foi "Mulheres em Psicanálise", Preciado sugere que um encontro com esse tema em pleno século XXI faz parecer como se: –

> *ainda estivéssemos em 1917, e como se esse tipo particular de animal – que vocês chamam, de forma condescendente e naturalizada, de "mulher" – ainda não tivesse um reconhecimento pleno enquanto sujeito político; como se ela fosse um anexo ou uma notinha de rodapé, uma criatura estranha e exótica entre as flores, sobre a qual é preciso refletir, de quando em quando, num colóquio em mesa-redonda. (Preciado, 2019)*

A falta de reconhecimento da mulher enquanto sujeito político e das consequências que daí advêm, segundo Preciado, estão inscritas no edifício teórico freudiano, que "é pensado a partir da posição da masculinidade patriarcal do corpo masculino heterossexual, compreendido como um corpo com pênis eréctil, penetrante e ejaculatório" (Preciado, 2019).

Ora, acredito que estamos em plena turbulência no campo psicanalítico, vendo brotar as sementes de uma psicanálise decolonial, que busca dar voz aos seres abjetos e permite que falem e produzam um saber sobre si mesmos, uma psicanálise que reconhece a expressão das vítimas da violência patriarcal denunciando "seus pais, seus maridos, seus chefes, seus namorados; ... a política institucionalizada do estupro; ... as agressões homofóbicas, e os assassinatos, quase cotidianos, de mulheres trans, assim como as formas institucionalizadas de racismo" (Preciado, 2019). Essa psicanálise pode ser localizada em autores como o franco-marroquino Thamy Ayouch e nas brasileiras

Andrea Guerra, Miriam Debieux Rosa e Priscila Santos Souza, entre outras e outros.

Parece-me que essa psicanálise, que não deseja mais legitimar a violência heteropatriarcal e colonial, é que nos convida, ainda hoje, para uma reflexão acerca do feminino. Por quê? Talvez justamente porque, a partir da desconstrução de um feminino associado quase naturalmente à concepção biológica de mulher, com tudo o que isso significa em termos de anatomia e característica psíquicas supostamente daí derivadas, percebeu-se a dimensão de poder entre os homens e as mulheres incidindo sobre o feminino, além de se constatar diferentes modalidades de feminino em variados corpos. O gênero emergiu como operador conceitual, analisador de diferentes formas de opressão, de exclusão e mesmo de desumanização e eliminação de determinados grupos sociais. Afinal, poderíamos nos perguntar: matam-se mulheres, pessoas travestis e transexuais ou mata-se o feminino?

Vejam, não se trata de desconhecer o paradigma freudiano que associa o "feminino" à passividade, ao masoquismo e à rocha da castração. Tampouco se trata de negar a importância de alguns debates lacanianos que separam o gênero da posição feminina (dependente da norma fálica) e esta, da inscrição feminina (dependente dos modos de gozo). A lógica do "não todo" permitiu aos lacanianos nas duas últimas décadas abrir espaço para as dissidências de gênero. Tome-se como exemplo a leitura de um feminismo *queer* butleriano à luz do feminino na tábua de sexuação, realizada por Maíra Marcondes Moreira, que a leva à ideia de que este feminismo é feminino. Essa análise, de acordo com a autora, acaba por ressignificar o próprio feminino psicanalítico lacaniano, mostrando como ele não adere a qualquer "imanência identitária", aliás ele se torna desconstrutor de identidades, descobrindo assim sua vocação política.

> *A partir do que foi desenvolvido acerca do feminino como algo fora dos regimes de inteligibilidade … que, por isso,*

> *possui um potencial político subversivo, possibilitando (pela via da invenção) novas formas de existência e fazendo valer a singularidade ao rejeitar as imposições do mestre e a homogeneização presente na lógica do para-todos, pode-se afirmar que o feminino é político. (Moreira, 2019, p. 183)*

Marcondes aponta para uma ressignificação que nos leva a sugerir aqui se não seria mais correto dizer que o feminino lacaniano do não todo poderia ser um feminismo *queer*, e não o contrário. A recorrente tentativa de inserção das dissidências de gênero, do *queer* e dos feminismos na lógica psicanalítica, por mais subversiva que ela seja e por mais torções que nela se faça, sempre me soa como uma desesperada tentativa de realizar uma psicanálise "toda", que acredita prescindir de outros saberes para escutar a sua clínica.

Após quase 20 anos atendendo pacientes trans,[1] acredito que é possível fazer algumas considerações sobre o gênero e, aqui especificamente, sobre o gênero feminino. Entendo o gênero como atos e gestos repetidos cotidianamente que produzem nossa crença em ser homens, mulheres ou, mais recentemente, em ser ambos ou nenhum. Esses atos foram aprendidos por imitação, assimilados por identificação ou, ainda, introduzidos por significantes enigmáticos, implantando a sexualidade e alguns de seus (des)ditos pelos cuidadores diretos do infans. Gênero é repetição e improviso ao mesmo tempo. Improviso dentro de uma cena de constrição, marcado pelo tabu da homossexualidade, que determina a quem se pode amar e, consequentemente, com quem podemos nos identificar. Essa é uma definição construída a partir da obra de Judith Butler, especialmente *Problemas de gênero*

1 Trans aqui é usado como conceito guarda-chuva para englobar as variações de gênero, como transexuais, travestis, transgêneros, não binários ou simplesmente trans. Vemos atualmente inúmeras formas de as pessoas se autoidentificarem.

(1990/2003), *A vida psíquica do poder* (1997/2017), *Desfazendo gênero* (2004/2022) e *Relatar a si mesmo* (2005/2015), onde estabelece diálogo com a noção de significantes enigmáticos de Jean Laplanche. Podemos juntar aqui a própria definição de Laplanche, de que o gênero é plural, embora geralmente seja duplo (masculino-feminino), mas não por natureza e sim pelo recalque-simbolização humana da reprodução sexuada (o sexo) sobre ele. Ainda, com Laplanche, o resíduo inconsciente dessa operação é o sexual, múltiplo e polimorfo, enfim, o objeto que realmente interessa à psicanálise (Laplanche, 2023, p. 155). Todavia, gosto da ideia do efeito da produção gestual/discursiva sobre a compreensão de gênero que temos de nós mesmos, o que me faz manter Butler junto a Laplanche. Não se trata apenas de buscar o sexual, pois é preciso compreender a arquitetura do edifício de gênero que se construiu sobre ele.

Assim, *cherchez le genre* diz respeito a identificar o gênero no discurso social, no discurso humano sobre o sexo, como diria Laplanche, emitido e performado pelos cuidadores e implantado na criança que, ao crescer, o performa ou falha em performá-lo, expressando o desejo e a linguagem intraduzível de seu corpo (o sexual) por meio dos gêneros sociais. O gênero social é prescritor de papéis a serem desempenhados, de formas de expressão e de relacionamentos de submissão, dominação e de solidariedade entre o eu e o outro. Não se trata, portanto, do que é o gênero feminino ou masculino, mas de como cada pessoa faz uso dos gêneros oferecidos no discurso, seja pelos meandros da identificação inconsciente, seja pela assimilação de tudo o que acredita que eles representam.

Algumas formações pessoais de gênero se aproximam e se adequam aos estereótipos sociais de gênero da época, outras falham nesse propósito e optam pelo anonimato por vergonha ou medo. Porém, se tiverem sorte, mesmo "falhando", sentem-se livres em sua invenção de gênero, podendo vir a encontrar alguns pares.

Preciado sugere que é preciso refletir sobre o gênero enquanto jaula. Os gêneros seriam jaulas políticas e é importante que reconheçamos seu estatuto de jaula. A jaula que ele recentemente pôde escolher – já que normalmente somos postos em uma delas quando nascemos – é a de homem trans, aquele que escapou da jaula "mulher".

Escutemos e falemos, então, da jaula do gênero feminino da qual se escapa para ser outra coisa – um homem trans, um gênero não binário –, mas escutemos e falemos também da jaula do gênero feminino que se escolhe – a de mulher transexual, mulher travesti, ou mulher trans. Minha diferença com autores como Preciado é relativa à preocupação em acompanhar de perto o percurso de gênero de alguém que sofre não apenas a transfobia social, mas que se debate com os entrelaçamentos entre seu corpo, suas identificações, suas fantasias, seus prazeres e a dimensão da alteridade. Gênero é relacional. De um ponto de vista psicanalítico freudo-lacaniano, o social nunca deixará de estar presente – a transfobia existe e também compõe esse entrelaçamento, mas ela não é sinônimo de problemas de gênero, parafraseando Butler. Afinal, existe a pulsão... e o Outro.

Aquilo que se escuta

Voltando, pois, às jaulas, e tentando refletir sobre o feminino no discurso de pacientes que acompanhei, identifico-o naquilo que percebiam de si, naquilo que buscavam e naquilo do qual fugiam. Também me nutri de depoimentos e entrevistas realizadas no campo acadêmico e que apontam na mesma direção. Eis algumas vinhetas, que separei em quatro seções: o gênero da ordem do ser ou do descobrir ser; do querer ser; do não querer ser e, por último, do inventar. Algumas vinhetas poderiam caber em mais de uma seção. A meu ver, isso indica um movimento no próprio processo de transição. Confesso que ficava mais feliz quando pacientes mostravam disposição para inventar, experimentar diferentes jaulas, o que indicava que eram jaulas com portas abertas, mas isso é questionável. Afinal, por que eu ficaria menos feliz com alguém que apresentasse uma certeza de gênero, seguindo os termos de Preciado, um apego a uma determinada jaula? Já analisei esse sentimento e o atribuo à minha percepção como pessoa cis, idealizando a fluidez e o trânsito entre os gêneros como experiências positivas (Porchat, 2019; Porchat & Santos, 2021).

Da ordem do ser ou descobrir ser

Caso 1. "Eu sei agradar um homem. Sei fazer um homem feliz, está no meu nome". É assim que Felícia,[2] minha primeira paciente trans, há quase vinte anos, respondeu à pergunta sobre o que significava para ela era ser uma mulher". Felícia tinha certeza de seu gênero. Desde que se lembra, sempre se percebera como mulher. Sua questão maior era ajustar seu corpo ao gênero percebido e enfrentar a sociedade. Sua resposta apontava para a dimensão relacional do gênero. Era mulher porque sabia sobre o desejo masculino e, mais do que isso, acreditava ser perfeitamente capaz de satisfazer os homens.

Caso 2. B. veio me ver aos 17 anos. Relata que aos 14 anos começara a se perguntar sobre seu gênero. Gostava de garotos, mas como garoto. Fez essa descoberta vendo um anime em que havia dois garotos que evidentemente se gostavam. Em determinado momento, pergunta a si próprio se era mesmo um garoto ou se apenas queria ser, mas sente que é um garoto. Percebe seu "interno" como masculino e sabe que seu "externo" é feminino. B. possui como modelo de homem um cantor japonês gay, de feições femininas. B. namora há três anos com um garoto. Diz que é um homem trans bissexual, embora não

2 Felícia é um nome fictício, escolhido para relatar o caso. Mas seu nome verdadeiro (tanto o nome que lhe atribuíram ao nascer, quanto o nome escolhido por ela como mulher) era associado por ela mesma a um sentimento semelhante ao de felicidade. Acredito que o nome que escolhi traduz bem a impressão que ela me causou.

relatasse relações com mulheres até aquele momento. B. "sabe" que é um homem... feminino. Este seria um caso que poderíamos enquadrar como uma invenção de gênero. B. guarda uma relação com o feminino na aparência e no desejo – ainda que seja possível separar gênero e orientação sexual em muitos casos, em tantos outros eles permanecem ligados.[3] No caso de B., ainda que pareça restar uma ponta de dúvida, sua questão primeira é referente ao que ele é ou deixa de ser. Ser um homem trans gay (na aparência) e bissexual (no desejo), isso faz de sua masculinidade trans uma masculinidade diferente da masculinidade associada ao estereótipo do homem.

Depoimento 1. Diante da pergunta sobre quando percebeu ser uma mulher transexual, a entrevistada respondeu:

> *Olha, desde pequena. Eu sempre tive, com sete anos de idade, a voz fina. Eu olhava os meninos na escola de um jeito que eu admirava, que era diferente, mas eu só vim descobrir que eu gostava, aos 10 anos e aos 14 anos eu tive a minha primeira relação sexual, onde eu tive a certeza de que era de homem que eu gostava e que eu não tinha nascido perfeita como as outras pessoas que eu achava. Eu me assumi aos 14 anos de idade, mas minha família não aceitou. Meu pai, minha mãe, me colocaram para fora de casa, eu vim embora para São Paulo e fiquei na casa de algumas pessoas, aonde eu fui cafetinada, né? Fiz os meus procedimentos cirúrgicos para alteração do meu corpo. Depois de três anos eu resolvi voltar, porque, quando eu saí de lá, eu falei para o pessoal da minha família que eu só voltaria lá quando que eu fosse uma mulher, que eles*

3 Essa questão é polêmica e merece uma discussão, mas a deixaremos para outra ocasião.

não iam ter ninguém dentro de casa um homossexual, … aquele tipo de gay que coloca aquele shortinho curtinho e sai na rua e todo mundo mexe. Eles imaginavam que eu ia ser assim. Eu já tinha na minha cabeça que eu sempre fui uma mulher, tentando mostrar para eles que não era bem o que eles imaginavam. (Depoimento de Thayanne a Monteiro, 2020)

Da ordem do querer ser

Caso 3. C., 17 anos, tem poucas lembranças da infância, mas afirma que o sentimento de que "quem nasceu como mulher teve sorte" lhe acompanha desde pequena. C. considera que foi a partir da puberdade que se deu conta do gênero feminino, descobrindo a noção de "disforia de gênero" aos 15 anos e, desde então, se mantém às voltas com a ideia de "querer ser mulher". Ainda criança, imaginava como seria sua aparência e a relação com os outros se tivesse um corpo feminino. Durante a puberdade, chegou a assumir traços masculinos, deixando a barba crescer e tentando ganhar músculos. No entanto, tal iniciativa foi abandonada ao passo que o sentimento de disforia de gênero persistiu e ganhou novos contornos pelo contato com pessoas transgênero no mundo virtual. C. não se sente digna de usar nome feminino (utiliza-o apenas entre amigos na internet), pois não tem um corpo feminino e não acha que alguém a reconheça assim.

Caso 4. Aos 15 anos, D. pensava em mudar sua aparência, não se sentia bem no corpo feminino. As curvas do corpo e os seios lhe incomodavam, pois queria ter um corpo "mais reto, mais firme, mais masculino". Cortou o cabelo, passou a usar roupas neutras e masculinas. Convivendo com um amigo que iniciou transição para ser uma mulher, entendeu que era isso que queria fazer. D. me procurou com 21 anos, queria fazer tratamento hormonal, para "ser quem eu sou, quem eu gosto de ser". Não acredita ter ações ou sentimentos masculinos. Na sua visão, a sociedade vê a mulher como um ser frágil, menos capaz do que um homem no trabalho. O homem é considerado superior, manda em tudo. A mulher só é reconhecida como capaz no serviço doméstico. Ainda, segundo ele, a maioria dos homens é "bobão", por se achar superior e por ser mais forte. Mas, para D., todos são iguais. A mulher seria mais frágil apenas em sentimentos. A mulher é mais cabeça, pensa em tudo, nunca pensa só nela. Pergunto-lhe "Como vai ser você?" Resposta: "Um homem com cabeça de mulher. Vou ter uma cabeça diferente. Se homens passassem pelo que as mulheres passam, seria diferente. A mulher é tão interessante. Homens parecem que só sabem falar sobre as mulheres." Diante de toda essa explanação sobre os gêneros, pergunto-lhe o motivo da transição, já que, aparentemente, seu discurso não sugere um particular interesse em ser homem. Ele responde que é por causa do corpo, "para me sentir bem. Há coisas que vão mudar". Peço um exemplo e ele diz: "O foco. O homem é determinado, vai lá e faz.".

Da ordem do não querer ser

Caso 5. F., 20 anos, relata que durante a infância tinha a sensação de que o corpo ia ser sempre o mesmo. Não queria aceitar a ideia de que haveria uma "metamorfose". Pensava que não ia crescer. Não queria usar sutiã, decote, não queria menstruar, depilar-se. Pensava que quando chegasse a hora de isso tudo acontecer, "eu ia mostrar para eles que não ia acontecer". A menstruação veio aos 9 anos e meio. Pensou que se tratava de um machucado. Havia um sentimento de inadequação. Protegia-se com o pensamento: "Eu não sou essa pessoa". Usava roupas largas e casaco. A partir dos 12 anos, começou a usar faixas para esconder os seios. Segundo F., a percepção de que não é um homem e que não partilha do mundo masculino ocupa o primeiro plano de seus pensamentos. Refere ter tido pensamentos machistas, que se amenizaram nos últimos três anos. Eram ideias relativas à futilidade das mulheres e à sua desvalorização diante dos homens. O mesmo pensamento machista foi atribuído a seus tios e primos, que o olhavam com desejo, o que o incomodou profundamente durante a infância e a adolescência.

Os seios, primeiramente, e as curvas, em segundo lugar, são o cerne do repúdio ao gênero feminino em vários casos. O paciente G., de 16 anos, também bastante incomodado com os seios, identificava o que chamava de seus "medos de menina", temendo sofrer algum tipo de abuso sexual. Decidira falar o menos possível com as pessoas à sua volta, pois sua voz feminina lhe incomodava, fazia lembrar que ainda não era um homem. Ocorre-me agora que essa voz também denunciava aos outros que ele era um possível objeto sexual, um objeto de abuso, em função de seu gênero.

Da ordem do inventar

Uma das maiores fontes para se pensar a invenção do gênero é a experiência de homens trans grávidos ou que já tiveram filhos. Em depoimentos aos quais temos acessos por meio de entrevistas na mídia ou investigações acadêmicas, vemos como é descontruída a associação entre o feminino e a maternidade, tão cara não apenas ao senso comum, mas a algumas teorias psis. Nas parentalidades trans, vemos que é possível engravidar e ser pai, é possível ser mãe e ser homem, trata-se de gêneros pessoais e criativos. No exemplo a seguir, vemos a colagem entre processo de gravidez e maternidade = ser mãe, mas, ao mesmo tempo, numa engenhosa solução, mantém-se a identidade de gênero masculina, uma vez que, para o entrevistado, *mãe não tem gênero*:

> *Ser transgênero masculino, gay, sem terapia hormonal e mãe, resume toda a minha vivência pessoal ... Hoje tenho o privilégio de ser mãe de um menino. Sou homem,*

> *masculino e uso roupas femininas* ... Matheusinho tem dois pais, mas chama um deles de mãe ... Mãe não tem gênero... *(Depoimento de Davi a Maranhão Filho em Nery & Maranhão Filho, 2017, p. 294-295, grifos nossos)*

Nas entrevistas realizadas com homens trans durante pesquisa de Aquinoã Pederzoli (2017), encontramos um entrevistado que, apesar de ter dado à luz, afirma que não é possível ser mãe, pois: "É uma questão de causa e efeito, *eu sou homem porque sou pai e sou pai porque sou homem*" (depoimento de Esdras a Pederzoli, 2017, p. 108, grifos nossos). Seu filho tem dois pais.

Por fim, tivemos um paciente que deu à luz a uma criança antes de sua transição. Seu filho o chamava de *mãe-e-pai,* pois já tinha a quem chamar de mãe (a esposa do paciente) e a quem chamar de pai (o pai biológico). Ser mãe-e-pai, para nosso paciente, não questionava a percepção de seu gênero como masculino. Reconhecia em "mãe" o fato de ter dado à luz e reconhecia em "pai" a diferença de gênero com sua esposa, além de sua identidade de gênero masculina.

De onde se escuta

Griffin Hansbury, um analista trans, reflete sobre o que percebe ser uma dupla posição de muitas pessoas trans em relação ao gênero: de um lado, necessitam da ideia da multiplicidade de gêneros, mas, por outro lado, há o desejo de uma identidade ou estado de gênero aparentemente essencializado, estável. Nesse sentido, trabalhar com pessoas trans, para ele, pareceria ser uma tarefa de tecer e "destecer" o binarismo de gênero até o gênero tomar forma. Particularmente, prefiro ler essa ideia como um tecer e destecer que leva ao gênero inventado de cada um. Hansnbury, contudo, dirá que se trata de uma dinâmica "ambos-nenhum ... como um pêndulo balançando entre polós opostos, múltiplos, tentando (e falhando) segurar todos ao mesmo tempo ... um anseio por juntar opostos, e a consciência melancólica de que tal desejo jamais pode ser realizado" (2011, p. 219). A aparente estabilidade dos gêneros binários não basta, mas optar apenas pela multiplicidade tampouco é solução, segundo ele.

Não me parece que seja essa a única forma de escutar experiências trans atualmente. O elemento político de gênero me parece evidente em algumas das vinhetas apresentadas. O feminino é lido por vezes como sinônimo de vítima de opressão. O masculino, como convocação a um lugar de exercício de dominação, também foi um modelo a ser evitado, embora eu não o tenha mencionado nas vinhetas. Além disso, creio que, de 2011 para cá, abriu-se a possibilidade para não pensarmos que se falha em segurar polos opostos e múltiplos ao mesmo tempo. O binarismo presente na fala de Hansbury – de acordo com minha interpretação – cedeu lugar ao *queer* e ao não binário, às múltiplas variações de gênero. A multiplicidade de gênero parece, sim, ser atualmente uma solução, ao menos para os analistas: que eles possam pensar numa variância ou numa singularidade da expressão de gênero, pois isso é fundamental para auxiliar a destecer a binaridade psiquicamente improdutiva na qual muitos pacientes estão capturados.

Voltando a Preciado, talvez esteja na hora de "elaborar coletivamente uma epistemologia capaz de dar conta da multiplicidade radical de seres vivos", já que pusemos em xeque as estabilidades do gênero e da sexualidade ao tornarmos legal a mudança de sexo, a identificação como pessoa de gênero não binário, o nascimento ou a adoção de crianças por famílias homoparentais, não binárias e trans (Preciado, 2019).

O corpo coloca as suas questões, seja o corpo da criança, do adolescente ou do adulto, mas elas não existem soltas no espaço cósmico. Crescer, se transformar, tornar-se desejante e objeto de desejo, isso não ocorre de um modo solipsista. A violência de gênero, a hierarquia de gênero, a estética e o erotismo de gênero, as proibições de gênero, em suma, as mensagens de gênero, todas elas se oferecem via discurso, sem porém dar conta da complexidade da subjetividade humana. *Cherchez le genre*, nesse sentido, não resolve o enigma da vida, mas fornece uma boa pista.

Referências

Butler, J. (2003). *Problemas de gênero: feminismo e subversão da identidade*. Civilização Brasileira. (Trabalho original publicado em 1990).

Butler, J. (2015). *Relatar a si mesmo: crítica da violência ética*. Autêntica. (Trabalho original publicado em 2005).

Butler, J. (2017). *A vida psíquica do poder: teorias da sujeição*. Autêntica. (Trabalho original publicado em 1997).

Butler, J. (2022). *Desfazendo gênero*. Unesp. (Trabalho original publicado em 2004).

Hansbury, G. (2011). King Kong & Goldilocks: imagining transmasculinities through the trans-trans dyad. *Psychoanalytic Dialogues*, *21*, 210-220.

Laplanche, J. (2023). O gênero, o sexo e o sexual. In *Sexual: a sexualidade ampliada no sentido freudiano 2000-2006*. Dublinense. (Trabalho original publicado em 2003).

Monteiro, F. P. (2020). Arquivo pessoal de entrevistas para a dissertação *Vivências afetivo-sexuais de mulheres travestis e transexuais* (Mestrado em Educação Sexual, Universidade Estadual Paulista Júlio de Mesquita Filho).

Moreira, M. M. (2019). *O feminismo é feminino? A inexistência da mulher e a subversão da identidade*. Annablume.

Nery, J. W., & Maranhão Filho, E. M. A. (2017). Deslocamentos subjetivos das transmasculinidades brasileiras contemporâneas. *Revista Periódicus*, *7*, 280-299.

Pederzoli, A. A. (2017). *Papai ou mamãe? Uma discussão dos papéis parentais em homens trans que engravidaram* (Dissertação de mestrado, Instituto de Psicologia da Universidade de São Paulo).

Porchat, P. (2019). "Mãe-e-pai": uma parentalidade não-binária. In G. Assuar, L. V. Nunes, J. P. Silva Jr. (Orgs.). *Psicanálise, sexualidade e gênero: um debate em construção* (pp. 123-135). Zagodoni.

Porchat, P., & Santos, B. (2021). Are we safe analysts? Cisgender countertransferential fantasies in the treatment of transgender patients. *Psychoanalytic Review, 108*, 411-431.

Preciado, P. B. (2019). Um apartamento em Urano (Conferência) [Trad. C. Q. Kushiner, & P. S. Souza Jr.]. *Lacuna: uma revista de psicanálise*, (8), 12. https://revistalacuna.com/2019/12/08/n-8-12/

9. Por acaso, você é um pirata? Sobre soluções infantis para problemas complexos

Ian Favero Nathasje

A convivência com crianças é sempre disruptiva em relação a questões com as quais os adultos muitas vezes apresentam dificuldades, enquanto elas lidam com naturalidade. Esse convite a pensar sempre imposto pela infância torna determinadas dúvidas "adultas" certamente ridículas, como a tradicional: "como vou explicar para o(a) meu(minha) filho(a) (insira aqui alguma configuração familiar, relacionamento, ou expressão pessoal não padrão)"?

Convivendo com um menino de 5 anos, filho de um casal próximo, presenciei um diálogo curioso. Essa é uma criança que até o momento apresentou um desenvolvimento usual, propondo aos pais desafios adequados à idade e que os pais têm conseguido, a sua maneira, lidar. Vive em um núcleo familiar tão tradicional quanto o conceito tradicional pode ir: é filho biológico de um casal heterossexual cristão, é o mais velho de uma prole de 3 e tem duas irmãs mais novas. No seu núcleo expandido, tem relações amplas e diversas com familiares próximos e amigos dos pais e, dentre eles, casais que não correspondem ao padrão heteronormativo. É uma criança afetiva e mantém relações adequadas para a idade com todos. O curto diálogo que segue foi vivido no ambiente familiar da criança onde ela convivia com pessoas próximas e conhecidas, estava à vontade e brincava livremente.

> Criança: Você usa brinco?
>
> Homem: Uso sim (o adulto move a cabeça para mostrar que, além do brinco que a criança via, tinha outro brinco na outra orelha).
>
> Criança: Mas isso não é coisa de homem (a criança faz uma pausa e seu semblante muda para sério e intrigado, como quem está perplexo por se dar conta de algo). ...Você por acaso é um pirata?

Surpreendido pela resposta da criança, achei excelente a solução encontrada por ele para um problema que essencialmente não parte dele: homens podem usar brinco? A resposta dele seria "não", mas isso também não torna a pessoa mulher, fazendo com que ele criasse um terceiro caminho: o pirata. O questionamento para mim, adulto, é: o que falamos quando dizemos "masculino" e "feminino"?

1. Acerca dos termos "masculino" e "feminino"

No texto "Três ensaios sobre a teoria da sexualidade", Freud (1905/2016) explica sua proposição acerca de uma bissexualidade psíquica constitucional. Essa disposição inata à masculinidade e à feminilidade abrange uma série de possibilidades de compreensão, e o próprio Freud tenta discriminar três dessas possibilidades:

1) No sentido de atividade (masculino) e passividade (feminino).

2) No sentido biológico: esperma (masculino) e óvulos (feminino).

3) No sentido sociológico: a partir da observação dos indivíduos em sua existência efetiva.

No entanto, ele deixa claro que considera o primeiro sentido (ativo e passivo) o "essencial" e "o mais proveitoso para a psicanálise" (Freud, 1905/2016).

Criando uma linha evolutiva para sua proposição, Freud relaciona o ativo (masculino) e o passivo (feminino) com a fase anal, passando para fálico (masculino) e castrado (feminino) na fase fálica e, apenas após o Édipo surge a diferença sujeito (masculino/ativo) e objeto (feminino/passivo) (1916/2020a, 1923/2020b). No texto dedicado ao tema da feminilidade (1933/2020d), Freud reitera sua posição dos três ensaios de tentar descolar os conceitos de masculino e feminino do corpo biológico, relacionando-os a atividade e passividade:

> *Assim dizemos que o ser humano, seja macho ou fêmea, comporta-se neste ponto de modo masculino e naquele outro de modo feminino. Mas os senhores logo verão que isso não passa de uma concessão em relação à anatomia e à convenção. Os senhores não podem atribuir nenhum novo conteúdo aos conceitos de masculino e feminino. A distinção não é psicológica. A mãe é ativa em relação ao filho em todos os sentidos. ... As mulheres podem desenvolver grande atividade em diversas direções. ...* Poderíamos pensar em caracterizar psicologicamente a feminilidade através da preferência por metas passivas. *(Freud, 1933/2020d, p. 316-317, grifos meus)*

Se, por um lado, Freud tenta reiterar sua posição de que masculino e feminino não são exatamente homens e mulheres, e que mesmo essa relação é uma "concessão em relação à anatomia e à convenção", por outro, ao usar o termo feminilidade, parece criar um novo conceito, podendo reescrever a sua frase da seguinte forma: "Poderíamos pensar em caracterizar psicologicamente a feminilidade através da preferência por metas *femininas* (ou passivas)", mas não de maneira exclusiva, pois logo antes ele fala que as mães são masculinas (ou ativas) em todos os sentidos em relação aos filhos. Parece determinar que as mulheres e o que quer que queira dizer a feminilidade até podem apresentar alguma atividade, mas teriam uma ligação mais profunda com a passividade. Ora, se o feminino e o passivo são profundamente interligados pela "evolução" passivo-castrado-objeto-feminino, aqui Freud parece diferenciar feminino e feminilidade, sendo o segundo algo em posse das mulheres e com uma predominância de metas passivas (ou femininas, para usar o termo do próprio Freud). Apesar de fazer uma grande elaboração racionalizante, Freud encerra por falar que a feminilidade tem sim uma preferência por metas femininas e, por conseguinte, metas castradas, metas em que são os objetos e não os sujeitos, passivas.

Jessica Benjamin (1998) propõe uma leitura intersubjetiva do porquê o feminino ser associado à passividade. Ao discutir o quanto as possibilidades identificatórias são bloqueadas a partir da perspectiva generificada, a autora propõe que o não reconhecimento do trabalho psíquico materno no Édipo freudiano impede que o menino se identifique com a mãe e faz com que ele repudie a posição materna, não desenvolvendo, portanto, sua própria capacidade de ser continente e a experiência de ser passivamente estimulado. O menino, então, projetaria essa experiência inaceitável na mãe e se identificaria com o pai, fazendo com que o aspecto passivo da travessia edípica seja uma experiência feminina de passividade. Já a menina seria, desde o início, convocada a ocupar o lugar de receptora da defesa organizada como atividade masculina.

Para a autora, essa defesa do pai é justamente o que foi organizado em seus tempos edípicos como repúdio a experiência de ser continente e de se identificar com a mãe. Esse bloqueio identificatório estaria diretamente relacionado à inabilidade de representar uma identificação com a mãe enquanto objeto desejante. A autora critica o quanto a psicanálise não teoriza sobre o trabalho psíquico materno como um aspecto da subjetividade e não pode, como consequência, pensar uma mãe que é mais do que um espelho da atividade da criança e não produz uma teoria sobre a feminilidade ativa. Parece que, para Benjamin, a passividade é a experiência essencial, e a atividade enquanto masculino em termos freudianos é uma defesa contra a experiência da passividade, não uma atividade independente e que crie uma relação mais complexa do que apenas complementar entre ativo *vs.* passivo.

Ainda que Benjamin tente desfazer certa confusão criada pelos termos ativo/masculino e passivo/feminino, parece importante questionar se atividade e passividade precisam ser adjetivados enquanto masculinos e femininos, ou se adjetivá-los incorre no mesmo processo que a autora critica ao longo do texto: o de criar opostos complementares (ainda que sejam mais complexos que os opostos complementares anteriores). A autora parece recorrer à explicação de que homens e mulheres poderiam, cada um à sua maneira, se comportar ativamente ou passivamente (a partir da sua perspectiva em que atividade pode ser mais do que uma defesa a passividade) e faz uma crítica ao modo como a psicanálise privilegia uma "masculinidade ativa" e uma "feminilidade passiva". Apesar da explicação elaborada de Benjamin, sinto que a pergunta se mantém: o que queremos dizer com masculino e feminino?

Ken Corbett (2008) critica o uso desses termos e relaciona o uso deles a uma função categorizante e regulatória. Ao ser questionado sobre como masculinidade e feminilidade se expressam em homens e mulheres, ele propõe que a única resposta possível a essa pergunta é desfazê-la. Que mesmo a tentativa de avaliar essa questão como uma proposição de fluidez de gênero (com a feminilidade podendo ser expressa por homens e masculinidade por mulheres), ela segue uma questão que nos convida a fazer uma medição: quanta feminilidade pode aparecer em um homem antes que ele deixa de ser lido enquanto homem em relação a coerência de gênero?

Essa proposição de Corbett parece estar mais de acordo com as proposições de Butler (2004/2022), para quem o gênero não "é" algo, tampouco uma posse simbólica, ou uma descrição anatômica de um corpo. Gênero é um dispositivo que produz, controla e regulamenta os conceitos de masculino e feminino, de forma que eles interajam com construções simbólicas, hormonais, anatômicas e a própria constituição subjetiva do ser; que esses conceitos sejam coesos e contingentes, produzindo artificialmente a ideia de essencialidade que eles parecem emular. Butler parece desfazer a pergunta conforme proposto por Corbett.

Masculino e feminino são conceitos que não toleram ser questionados quanto a sua definição mínima, pois essa definição não existe. Enquanto dispositivo regulatório, o núcleo desses conceitos muda conforme as mudanças culturais (altamente instáveis), corporais (desde intervenções em vestimentas, maquiagem, *piercings*, cirurgias e, mais recentemente, modulação hormonal), bem como os efeitos dessas mudanças na constituição de sujeitos que, por fim, também serão fator de mudanças desses conceitos. Quer dizer, homens e mulheres atuais, por mais tradicionais que acreditem ser, a depender do recorte de tempo, poderiam ter um encontro com outros homens e mulheres e ouvir o questionamento: mas isso não é coisa de homem/mulher!

Tentei ao longo dessa primeira parte repensar o deslizamento *pênis - penetração - ativo/masculino - fálico - sujeito - marido - pai* e *vagina - penetrada - passiva/feminino - castrada - objeto - esposa - mãe*, não pela falta de lógica interna da proposta, que pode ser lida por uma lente da complementaridade obrigatória como criticado por Benjamin, ou mesmo por uma vertente intersubjetiva, mas pela falta de lógica inicial, quer dizer, pela assunção errônea de algum tipo de essencialismo que estabelece uma pré-ligação entre termos e sentidos.

2. Infância enquanto possibilidade

Os termos infantil, infantilismo e infância costumam designar comportamentos/condutas que são considerados não plenamente desenvolvidos, incompletos, imaturos, inadequados. Talvez fosse mais produtivo pensar a área que esses termos tentam delimitar como detentora de algo que sua contraparte (adulta, madura etc.) não possui *mais*. Freud (1905/2016) propõe dois modelos ao pensar a sexualidade na infância: o perverso-polimorfo e o infantilismo sexual.

O primeiro reconhece o infantil como o máximo de possibilidades, garante a possibilidade de relação com o maior número de objetos para a satisfação e que o maior número de formas de satisfação possa ser alcançado. Ainda que esse objeto não possa ser *qualquer* objeto, mas para aquele ser, com um conjunto de vivências e uma constituição, ele será o mais diverso possível. Já o segundo é utilizado de maneira patológica, para designar aquilo que não se desenvolveu ou não se apresenta de maneira adequada à idade e é relacionado por Freud (1905/2016) ao recalque, à pureza e à inocência.

Conforme proposto por Paim (2023), o infantilismo sexual precisa ser pensado além das possibilidades de retorno e fixação neuróticas. Ficarmos fixados à ideia de pureza, ingenuidade, não desenvolvimento, incompreensão e deseducação é negar o que se tem de produtivo na infância, enquanto o perverso-polimorfo pode ser um modelo tomado como referência para se pensar o universo de possibilidades que inevitavelmente são abandonadas por exigências culturais, sociais e individuais ao nos estabelecermos mais aguerridos a certos tipos de prazeres e comportamentos.

Na pequena vinheta que dá início ao texto, é possível pensar que aquela criança já reproduz uma série de pensamentos e categorizações que fazem com que ela estranhe uma apresentação que não corresponda (em um detalhe mínimo) a representação masculina esperada. Quero dizer, o fato de ver um homem de brinco não é lido apenas como uma diferença, como poderia ser com diversas características físicas que diferenciam homens reconhecidos socialmente como homens, mas como uma diferença que expulsa aquele homem dessa categoria para aquela criança. Tão cedo quanto seja possível reconhecer alguém de uma maneira generificada, também já é possível reproduzir a norma que nos regula, e talvez nesse ponto a norma atue sobre a infância e a adultez de maneira parecida, mas o que, para mim, marca a disposição infantil é a possibilidade de criar uma saída menos rígida e fixa – como o pirata.

Gostaria de propor que a mesma dinâmica limitação/possibilidade vista entre as proposições infantilismo sexual/perverso-polimorfo guarde alguma relação com o uso de um essencialismo de gênero usado por autores como Freud e, em alguma medida, Benjamin e, por outro lado, autores que tentam desconstruir esse essencialismo de gênero, como Butler e Corbett. Colocar essa dinâmica em evidência possibilita abrir caminhos do quanto a prescrição de condutas, comportamentos, atos, pensamentos e possibilidades por meio do gênero é limitadora de uma expressão mais autêntica de si.

3. A pirataria como estratégia

Se quisermos encarar, tal como Freud (1925/2020c), feminino e masculino como "construções teóricas de conteúdo incerto", precisamos olhar atentamente para algo que o próprio Freud parece ignorar em outros momentos: construções *teóricas*. A atenção dada à incerteza do conteúdo dessas construções parece ter dominado boa parte do discurso psicanalítico com perguntas incessantes sobre "o que quer/pode um(a) mulher/homem" e suas variações, perguntas tão repetidas e impossíveis de responder quanto infrutíferas. Ao mesmo tempo, dá-se menos importância à mutabilidade dessas construções, evitando-se discutir a desnaturalização da sexualização da diferença corporal anatômica.

A questão brota na solução infantil do nosso pequeno curioso. Ao ver uma *performance* que considera incompatível com o seu constructo "homem", ele se questiona: por acaso você é um pirata? Como se explicasse a teoria da Butler de que: "não há identidade de gênero por trás das expressões do gênero; essa identidade é *performativamente constituída*, pelas próprias 'expressões' tidas como seus resultados" (1990/2018, p. 56). Não é só que o gênero não está dado desde o início, mas que sua constituição é uma ficção criada após a *performance* e, enquanto ficção, está sempre disponível a reinvenções.

Nesse sentido, o corpo deixa de ser um lugar passivo de reconhecimento de características e destinos definidos, mas um lugar criativo, palco de histórias e espaço de criação. A "solução infantil" que inicia o texto parece se aproximar mais de criar um paradoxo e menos de uma resposta, agindo no interstício, no transicional, desfazer a pergunta, piratear o gênero.

Referências

Benjamin, J. (1998). *Shadow of the other: intersubjectivity and gender in psychoanalysis*. Routledge.

Butler, J. (2018). *Problemas de gênero: feminismo e subversão da identidade* (16. ed.,R. Aguiar, Trad.). Civilização Brasileira. (Trabalho original publicado em 1990).

Butler, J. (2022). *Desfazendo gênero* (C. Rodrigues, Trad.). Editora Unesp. (Trabalho original publicado em 2004).

Corbett, K. (2008). Gender now, psychoanalytic dialogues. *The International Journal of Relational Perspectives*, *18*(6), 838-856.

Freud, S. (2016). Três ensaios sobre a teoria da sexualidade. In *Obras completas* (Vol. 6, P. C. Souza, Trad.). Companhia das Letras. (Trabalho original publicado em 1905).

Freud, S. (2020a). Desenvolvimento da libido e as organizações sexuais (Conferência XXI). In *Amor, sexualidade, feminilidade* (M. R. S. Moraes, Trad.). Autêntica. (Trabalho original publicado em 1916).

Freud, S. (2020b). Organização genital infantil. In *Amor, sexualidade, feminilidade* (M. R. S. Moraes, Trad.). Autêntica. (Trabalho original publicado em 1923).

Freud, S. (2020c). Algumas consequências psíquicas da distinção anatômica entre os sexos. In *Amor, sexualidade, feminilidade* (M. R. S. Moraes, Trad.). Autêntica. (Trabalho original publicado em 1925).

Freud, S. (2020d). A feminilidade. In *Amor, sexualidade, feminilidade* (M. R. S. Moraes, Trad.). Autêntica. (Trabalho original publicado em 1933).

Paim, A. M. (2023). Infâncias pretas: negação, violência e criatividade. *Publicação CEAPIA*. N. 32.

10. Afinal, como não ter inveja do pênis? Da teoria sexual infantil ao histórico social

Berta Hoffmann Azevedo

Jem disse que as meninas não podem jogar futebol porque seus corpos não são feitos para isso. Scout, embora não soubesse se era verdade, começou a pensar que talvez houvesse algo especial nos meninos que os fazia diferentes.

(*O sol é para todos,* Harper Lee)

Uma menininha de aproximadamente 3 anos entra no banheiro com a mãe enquanto o irmão mais velho toma banho. Reflexiva, após testemunhar mais uma vez a presença do pênis do irmão, busca – cúmplice – a mãe: ele tem pepeca? A pergunta em tom ambíguo situava-se entre o pedido de esclarecimento e o convite à recusa, como a criança nas vésperas de descobrir que Papai Noel não existe.

Astutamente, Freud percebeu que, habitados pelo sexual, adquirimos capacidade de pensar, inventar teorias e tentar responder ao enigma sexual. A diferenciação anatômica entre os sexos faz parte do que gera trabalho psíquico, especialmente quando as sensações que brotam dessa região genital estão em primeiro plano. Qual significação dar à diferença?

Entre as teorias freudianas mais questionadas está ela: a inveja do pênis. Já na época de sua proposição, a voz de autoras mulheres se levantou para questionar sua pertinência. Não apenas as psicanalistas mulheres,[1] mas também alguns discípulos homens hesitaram na recepção de tal formulação.

O pensamento de Freud, como sabemos, não segue um caminho homogêneo ao longo da obra. Constrói-se em movimentos de espiral e pêndulo, como bem propõe Monzani (1989), ora enfatizando um aspecto, ora outro situado no polo oposto, tal como um pêndulo, e retomando problemáticas aparentemente abandonadas em outra volta da espiral. Freud não coincide com Freud, demonstra Renato Mezan (2014) ao sublinhar justamente a não homogeneidade interna da obra.

O que é verdade para o conjunto dos escritos de Freud é também perceptível no que tange a sexualidade feminina, em relação à qual a noção de inveja do pênis tenta contribuir.

Mas o que busca responder essa formulação?

Freud recorre à noção de inveja do pênis quando é chamado a especificar os caminhos próprios da sexualidade feminina. Enquanto imaginava para a menina um trilhamento simétrico ao do menino, não invocou proposição semelhante, motivo pelo qual não lemos nada a esse respeito na primeira edição dos "Três ensaios sobre a teoria da sexualidade" (1905/1996b). A ideia surge em "Sobre as teorias sexuais infantis" (1908/1996c), quando menciona o interesse da menina orientado pela inveja do pênis do menino. Em 1914, o termo já designa expressão do complexo de castração (Freud, 1914/1996d) e, em 1917, desdobra-se na equação simbólica pênis-bebê, possível devir do desejo feminino de ter um pênis para o desejo de ter um

---

1 Nem todas as psicanalistas mulheres se opuseram à teorização freudiana sobre a inveja do pênis. Algumas, como Ruth Mack Brunswick, levaram-na ainda mais a fundo. Outras, como Karen Horney, buscaram introduzi-la no contexto cultural.

bebê (Freud, 1917/1996e). Essa seria para Freud uma dentre outras formas pelas quais os restos da inveja do pênis poderiam persistir no inconsciente e operar na vida adulta.

A inveja do pênis permitiu a Freud conceber os motivos pelos quais a menina deslocaria seus investimentos da mãe para o pai: a decepção e o ressentimento seriam endereçados a quem ela atribuiria a responsabilidade por ter sido concebida sem essa parte altamente valorizada. Tudo só faria sentido, ressalta Freud (1923/1996f, 1924/1996g, 1925/1996h), no interior de uma organização fálica, que reserva um investimento significativo às sensações e às curiosidades genitais, assim como aos órgãos que delas partem. A aposta freudiana é de que as diferenças constatadas fariam a menina se sentir fisicamente inferiorizada.

A castração surge então como teoria sexual infantil construída para responder à percepção da diferenciação anatômica entre os sexos, relaciona-se à lógica da diferença enquanto falta, lógica fálica, que atribui uma categorização entre quem tem (e tem valor) e quem não tem (e fica desprovido dele). Hierarquiza com base na diferença. A criança, segundo Freud, atribui sentido de valor e desvalor para a constatação da desigualdade dos corpos, interpretada a partir das próprias conjecturas.

O desconcertante é verificar que, embora Freud textualmente esclareça que a castração é interpretação da criança à diferença, há trechos afirmando que a menina não reconhece a realidade da castração, o que recobre a versão interpretativa de ambiguidade e parece refletir a própria teoria sexual infantil do autor.

Em alguns momentos, o complexo de castração freudiano está vinculado intimamente ao órgão, em outros, o acento está na imperativa renúncia e na dimensão metafórica da perda de algo narcisicamente investido fica mais bem marcado. De qualquer modo, o tema da diferença sexual é pensado por Freud, desde o início, em articulação com uma concepção de libido única, masculina/ativa em ambos os sexos.

Desde 1920, um debate em torno da sexualidade feminina dividiu o movimento psicanalítico entre os que acompanhavam as formulações freudianas sobre o desconhecimento inicial da vagina e o monismo sexual, e aqueles que as contestaram, como Karen Horney, Melanie Klein e Ernest Jones. "À tese da libido única, de essência fálica (ou masculina), eles opuseram a tese de uma diferença sexual (ou dualismo sexual) de tipo naturalista, sem por isso apregoar, por outro lado, qualquer diferencialismo cultural ou político" (Roudinesco, 1998, p. 154).

Não parece ser esse exatamente o caso de Karen Horney (1924, 1926, 1932, 1933), que, apesar de não se considerar uma feminista, foi a pioneira na inclusão das pautas feministas no campo da psicanálise. Sua escrita passou por diversos momentos e, ao longo da obra, questionou cada vez mais os impactos da cultura no desenvolvimento sexual feminino.

> *Como todas as ciências e todas as avaliações, a psicologia das mulheres tem sido considerada até agora apenas do ponto de vista dos homens. É inevitável que a posição de vantagem do homem faça com que seja atribuída validade objetiva às suas relações subjetivas e afetivas com a mulher. (Horney, 1926, p. 325)*

A autora não negava a inveja do pênis na menina, e a desdobrou em primária e secundária, sendo a última resultante da fuga dos desejos edípicos. Ela, além disso, postulou a existência de uma "inveja do útero", endereçada à capacidade feminina de gerar vida.

Em interessante interpretação, Horney sugeriu que, diante de entraves conflitivos nas experiências infantis, não haveria uma recusa da castração, mas recusa da vagina. Esta se estenderia também à comunidade psicanalítica.[2]

Melanie Klein (1928/1996, 1932/1997) contribuiu significativamente para o tema ao ressaltar a importância das relações iniciais com a mãe. Apostou em uma feminilidade primária e reconheceu em meninos e meninas a inveja da mãe por sua capacidade de ter filhos. Na pena da autora, as sensações corporais e a anatomia serão suporte para angústias e fantasias de destruição. Elas seriam a origem para que o conhecimento da vagina ficasse ocultado pela ênfase no clitóris, órgão passível de verificação.

Jones (1927, 1935) manifestou apoio às colegas, questionou a suposta ausência de sensação feminina da vagina e ofereceu uma concepção dualista em alternativa à libido única freudiana.

> *Para mim, ao contrário, sua feminilidade se desenvolve progressivamente a partir dos estímulos de uma constituição instintiva. Não vejo a mulher como um* homme manqué, *como uma criatura permanentemente decepcionada lutando para se consolar com substitutos secundários estranhos à sua verdadeira natureza. A questão primordial é se uma mulher nasce ou se faz. (Jones, 1935, p. 272)*

Para Freud, a construção da feminilidade não estava garantida pela biologia, era necessário atravessar um longo caminho de "transformação da menina em mulher" (1905/1996b, p. 208): "a psicanálise não tenta descrever o que é ser mulher, mas se empenha em indagar como é que a mulher se forma, como a mulher se desenvolve desde a criança dotada de disposição bissexual" (Freud, 1933/1996i, p. 117).

---

2 Patrícia Mafra de Amorim (2023), ao estudar obra de Karen Horney, afirma ter havido no movimento psicanalítico um processo de desmentido que resultou no apagamento da autora na História da Psicanálise.

Se, por um lado, a proposição dos ingleses reconhecia as sensações vaginais precocemente experimentadas pela menina, remetendo à especificidade das vivências corporais em jogo, por outro, corriam o risco de essencializar o feminino na direção de uma natureza.

É para esse sentido que aponta Roudinesco:

> *Para Freud, com efeito, a existência de uma diferença anatômica entre os sexos não desembocava numa concepção naturalista, uma vez que essa famosa diferença ausente no inconsciente, atesta, para o sujeito, uma contradição estrutural entre a ordem psíquica e a ordem anatômica. Assim, podemos perceber por que, por sua teoria do monismo e da não concordância entre o psíquico e o anatômico, Freud se aproximou dos ideais do igualitarismo universalista, de Descartes ao Iluminismo. (Roudinesco, 1998, p. 707)*

Há aqui um ponto digno de reflexão, embora Freud aponte para um trajeto que a menina precisa percorrer para se sentir mulher e, portanto, opere uma desnaturalização do que é uma mulher; ele parece universalizar os caminhos possíveis de processamento das consequências psíquicas das diferenças anatômicas.

A feminilidade afirmada como enigma (Freud, 1933/1996i) não poderia ser desvendada pela anatomia, com base na realidade dos órgãos. A sexualidade infantil pavimenta os caminhos singulares pelos quais cada um construiria não apenas a escolha da neurose, como também sua relação com o mundo e com o próprio corpo, alicerçada em múltiplas identificações. Estamos em plena ruptura com as teorias da degeneração até então vigentes para explicar a neurose ou as sexualidades não subordinadas à reprodução. Toda a construção freudiana em "Três ensaios..." vem para afirmar que a sexualidade humana é perverso-polimorfa, e não há complementaridade básica entre homem e mulher. Entre a pulsão e seu objeto haveria apenas uma soldadura, determinada pela história libidinal de cada um.

Lado a lado com essas afirmações revolucionárias que abrem caminhos para o debate da diversidade sexual, andam também outras preditivas das trajetórias de transformação da menina em mulher, sem considerar suficientemente a pluralidade de meninas e mulheres. É o caso da proposição da inveja do pênis. Se esta pode ser uma fantasia construída como teoria sexual infantil no caminho de algumas pessoas, seria ela a única viável como mediação das experiências corporais e com destinos predeterminados? Será mesmo que poderíamos universalizar as experiências íntimas possíveis e reduzir os desejos femininos à compensação dessa "desvantagem"?

Inquietações feministas

Em 1949, após aprovação do direito ao voto às mulheres na França, Simone de Beauvoir, filósofa e romancista, publicou *O segundo sexo*, no qual liga as ideias provenientes das lutas pela emancipação feminina àquelas da psicanálise. Critica Freud ao afirmar "a existência de um segundo sexo, diferente do primeiro tanto pela anatomia quanto pela implicação social dessa anatomia" (Roudinesco, 1998, p. 154). Na contenda psicanalítica, toma o partido, portanto, dos ingleses, mas acrescenta às suas teses uma maior reflexão política e ideológica. Sua célebre afirmação de que "não se nasce mulher, torna-se mulher" (Beauvoir, 1949/1980, p. 9), no entanto, aproxima-se muito daquela emitida por Freud na conferência de 1933.

Também na França, Jacques Lacan interessou-se por dar à castração uma dimensão simbólica e, com isso, não a reduzir à experiência narcísica com um órgão. Pela via da discriminação clara entre pênis e falo, o francês concebe o segundo como significante da falta e, portanto, capaz de circular, deslocar-se, efeito da desarticulação entre poder fálico e anatomia. Entendendo falo como significante primordial, ele faz da dialética entre ser e ter o falo o caminho da constituição do sujeito, e acentua a castração do Outro materno como condição para a castração do sujeito.

Lacan tampouco escapou de receber contestações por sua posição falocêntrica. Na tentativa de responder às críticas, ele concebe suas fórmulas de sexuação ao enunciar duas modalidades de gozo: do lado homem, localiza o gozo fálico, ligado à castração e ao significante; do lado mulher, o gozo Outro ou suplementar, não todo fálico (1972-1973). Entre um e outro não haveria correspondência, como deixa claro seu enigmático aforismo: "a relação sexual não existe" (1977-1978).

Alessandra Affortunati Martins (2024) entende que esse solo epistêmico-clínico não sustenta em pé de igualdade o lugar masculino daquele das outras formas de gênero e que seriam necessários arranjos gramaticais inspirados na vulva, ainda opacos à linguagem psicanalítica.

Na França,

> *a leitura lacaniana do falocentrismo abriu caminho, entre 1968 e 1974, para teses diferencialistas encontradas sob a pena de autores – em geral mulheres e psicanalistas – preocupadas em definir as características de uma identidade feminina liberta de qualquer substrato biológico ou anatômico. (Roudinesco, 1998, p. 155)*

O feminismo psicanalítico francês e norte-americano, representado por nomes como Michèle Montrelay, Julia Kristeva, Luce Irigaray, Nancy Chodorow e Jessica Benjamin, reverberou os debates contemporâneos no campo do feminismo, polarizados entre a ênfase na diferença e na igualdade entre homens e mulheres.

A recusa do feminino e a passivação

Entre os desafios na discussão sobre o feminino está a multiplicidade de camadas que envolvem um termo polissêmico como esse, capaz de inspirar debates tanto sofisticados quanto embaralhados. O próprio Freud anteviu tal aspecto, em nota acrescentada aos seus "Três ensaios..." em 1915:

> *Os conceitos de "masculino" e "feminino", cujo conteúdo parece tão inambíguo à opinião corriqueira, figuram entre os mais confusos da ciência e se decompõem em pelo menos três sentidos. Ora se empregam "masculino" e "feminino" no sentido de atividade e passividade, ora no sentido biológico, ora ainda no sentido sociológico. O primeiro desses três sentidos é o essencial, assim como o mais utilizável em psicanálise. A isso se deve que a libido seja descrita no texto como masculina, pois a pulsão é sempre ativa, mesmo quando estabelece para si um alvo passivo. (Freud, 1905/1996b, p. 207)*

Para Freud, o feminino, em um dos seus sentidos, vincula-se, portanto, à receptividade e à disposição passiva. Não é clara a justificativa que convenciona aproximar feminino e passividade. Talvez tenha sido inspirada pela biologia e os fins genitais reprodutivos, como um espaço côncavo que recebe o pênis, ou quem sabe pelos padrões culturais construídos nos discursos sobre as relações de gênero. Há também a dinâmica identificatória primária com a mãe e sua relação inaugural de trocas sensoriais. Embora o autor seja claro ao não restringir feminino à mulher e afirmar que "no que concerne ao ser humano, a masculinidade ou a feminilidade puras não são encontradas nem no sentido psicológico nem no biológico" e "cada pessoa exibe uma mescla de seus caracteres sexuais biológicos com os traços biológicos do sexo oposto, e ainda uma conjugação de atividade e passividade" (1905/1996b, p. 207), é também verdade que etimologicamente a palavra feminino traz consigo uma associação com a mulher, mesmo quando pretende nomear além do gênero.

Em "Análise terminável e interminável" (1937), Freud aproxima duas manifestações de uma mesma questão que nomeou como recusa do feminino (expressas como inveja do pênis e como revolta contra uma atitude passiva ou feminina em relação a outro homem). A "rocha da castração" representaria um importante desafio clínico no trabalho do psicanalista. Esse escrito está em diálogo com Ferenczi (1928/1992), que entendeu que, para uma análise chegar a termo, o paciente homem deveria alcançar a sensação de igualdade de direitos diante do médico, e a mulher se entregar sem rancor às possibilidades imaginativas do papel feminino. Freud considerou tais exigências demasiado elevadas e a recusa do feminino o motor de resistências poderosas.

Natalie Zaltzman foi uma autora que levou adiante essa proposição, entendendo que a grande polaridade masculino-feminino (bissexualidade) *vs.* recusa do feminino pode fazer o polo feminino ser progressivamente apagado, já que "o inconsciente é mais seguramente feminófobo que falócrata" (1999, p. 115). Para ela, a bissexualidade do homem e da mulher teriam o mesmo polo adverso: a recusa do feminino. Mas de que maneira entender essa proposta?

André Green (1980/2017, 1974/1996a, 1996b) já havia oferecido uma interessante contribuição ao introduzir a noção de passivação. Sem alçá-la a um conceito homogêneo, ele reconhece impasses clínicos ligados à sensação de submetimento transferencial que atribui às experiências de passivação traumática. Para concebê-la, reconhece – na posição passiva do bebê humano desamparado – a vulnerabilidade aos excessos abusivos na relação com o objeto primário. Nessa relação inaugural, o bebê está incontornavelmente em posição de passivação, mas quando essa experiência é vivida como um desencontro radical, estão dadas as condições para a passivação traumática cujas reverberações transferenciais serão sentidos na clínica. Urribarri (2023) rastreia as dispersas menções que Green faz do termo, ao discriminar quando se refere às acepções originária, traumática ou transferencial. Algo semelhante à descrição que faz Piera Aulagnier (1975) quando diferencia violência primária e secundária.

Em contraste com a intrusividade própria à passivação traumática estaria a receptividade esperada da função materna, descrita por Winnicott (1956) como preocupação materna primária, por Bion (1962/1991) como função de continente e por Freud como ação específica. A identificação regressiva com seu próprio estado de desamparo é, para tanto, essencial, assim como paradoxalmente o reconhecimento da alteridade do bebê e a projeção de uma posição de autonomia futura ao filho.

Robert Stoller salienta a identificação primária do bebê de ambos os sexos com a mãe, posição feminina original que ele chama feminilidade primária superada na heterossexualidade masculina (1993a). Segundo ele, esse esforço poderia determinar certos atributos culturais masculinos que seriam manobras defensivas reativas ao temor de uma regressão simbiótica com a mãe.

> *seja áspero, sonoro, beligerante, abuse e fetichize as mulheres; seja amigo apenas de homens, mas também odeie os homossexuais; fale palavrões; despreze as atividades femininas. O primeiro regulamento da profissão de ser homem é: não seja uma mulher. (Stoller, 1993a, p. 243)*

Para Green (1974/1996a), a recusa do feminino mencionada por Freud como universal seria melhor pensada como a recusa do feminino materno, fusional e ligado à loucura materna que, ao exceder a fase originária, ameaça a diferenciação primária e o processo de subjetivação.

A inclusão da categoria de gênero

Não há formulado em Freud um conceito específico de gênero, embora os aspectos culturais incidentes no sofrimento de homens e mulheres fossem considerados desde o início pelo autor de "A moral sexual civilizada e doença nervosa moderna" e "O tabu da virgindade". A escuta do mal-estar de suas pacientes histéricas, forjado no seio da moral vitoriana *fin de siècle*, contribuiu decisivamente para a construção de uma massa crítica sobre a situação social das mulheres e a articulação com seus sintomas, o que não o eximiu de reproduzir acriticamente, em certas passagens, os padrões normativos vigentes.

Stoller (1993b) foi o pioneiro no uso do conceito na comunidade psicanalítica. Em contato com pessoas intersexuais e posteriormente com transexuais, dedicou-se a estudar a constituição do que chamou de núcleo de identidade de gênero, sentimento íntimo de ser homem ou mulher, que se estabeleceria antes da fase fálica. Ele discrimina as noções de sexo e de gênero, não necessariamente coerentes entre si.

A categoria de gênero, uma vez explicitada, reforça a possibilidade de pensar a noção de mulher e as formas abertas para sê-lo numa dada cultura, constituída de relações de poder que tem seus marcadores de gênero, juntamente aos de classe e raça. Essas dimensões, sem excluir a materialidade dos corpos, participarão de uma amarra singular e processual da pulsão, dos ideais culturais e daquilo que Aulagnier (1975) nomeou como sombra falada, própria da relação entre *infans* e seus pais. Dentre as antecipações que se projetam sobre a criança, estão às ligadas ao gênero.

O encontro com o objeto primário, tal como desenvolvem detidamente Green e Aulagnier, oferece experiências sensoriais e antecipam expectativas de desejo, de maneira que deixa atrás de si marcas pulsionais e identificatórias.

Nas últimas décadas, outras posições de enunciação pós-binárias, ao se tornarem audíveis, ressaltam a multiplicidade de experiências identificatórias entre o 0 e o 1. As dissidências sexuais introduzem como questão, para a teoria, a não necessária conformidade entre a anatomia feminina ou masculina de uma criança e seu devir psíquico em mulher ou homem. Outras possibilidades estão abertas. Nem mesmo o ideal de que esse posicionamento binário se realize continua intacto. Na clínica, acompanhamos, por exemplo, situações de escolha do nome para um futuro bebê definido pela neutralidade de gênero, na intenção de deixar um espaço de jogo para as múltiplas possibilidades de soluções subjetivas.

Jean Laplanche (2015), ao trabalhar a noção de gênero articulada à sua aposta no primado do Outro, inclui as mensagens enigmáticas dos pais na designação de gênero de um bebê, que antes de se identificar com seus adultos significativos será identificado por eles em suas mensagens conscientes e ruídos inconscientes veiculados nelas.

Em *Sexual – a sexualidade ampliada no sentido freudiano*, Laplanche (2015) afirma que o gênero seria plural, o sexo dual (regido pela lógica fálica presença x ausência, fálico x castrado) e o sexual múltiplo, polimorfo, esse sim objeto da psicanálise: resíduo inconsciente da simbolização do gênero pelo sexo. "Sim, o gênero precede o sexo. Mas ao invés de organizá-lo, é organizado por ele". (LAPLANCHE, 2015, p. 168).

Levando adiante as pesquisas de Judith Butler, que concebe gênero como performativo e diferença sexual como uma forma de habitar o mundo (Butler, 2004), Paul Preciado fala em "corpos falantes" e questiona tanto o sistema binário de organização quanto a centralização da diferença nos órgãos reprodutivos, propondo uma teoria do corpo situada fora das oposições homem/mulher, masculino/feminino, heterossexualidade/homossexualidade. "A contrassexualidade não é a criação de uma nova natureza, pelo contrário, é mais o fim da natureza como ordem que legitima a sujeição de certos corpos a outros" (Preciado 2014, p. 21).

Rodrigo Lage Leite se apoia nas ideias de Preciado quanto à epistemologia da diferença sexual e as relaciona com as concepções freudianas de sexual perverso-polimorfo e de sexual em Laplanche, propondo que

> *a leitura de Preciado atualiza o caráter polimorfo do erotismo infantil descrito por Freud, permitindo reinterpretá-lo não apenas como zona de passagem – infantil – a ser recalcada, mas como "reservatório" de possibilidades para a constituição plural do erotismo humano. (Leite, 2021, p. 216)*

Silvia Alonso, que entende como enriquecedora a inserção da categoria de gênero na psicanálise, ressalta a "força desviante que o peso do cultural tem em relação à própria biologia. É uma categoria importante para pensar as diferenças, sem se reduzir a pensar as mulheres como sendo diferente dos homens". Ela completa que "isso não deve fazer com que deixemos de lado a sexualidade ou a pulsão, arriscando converter a psicanálise em uma sociologia ou num culturalismo" (Alonso, 2002, p. 25).

A materialidade do corpo jogará um papel nas sensações físicas, expectativas parentais e normas sociais a que um sujeito estará submetido. Não há subjetivação incorpórea. O universo sexual é somatopsíquico e inerentemente traumático, exigindo de cada um "soluções", como nos lembra McDougall (1999). Para ela, a criança deseja pertencer a ambos os sexos e possuir as prerrogativas e poderes mágicos dos pais, resultando em desejos invejosos que perdurarão na vida inconsciente de todo adulto. A autora, que desenvolveu o conceito de neossexualidade para substituir o pejorativo termo perversão, ao fim de sua obra conclui que não apenas algumas soluções, mas a totalidade da sexualidade humana consiste em neossexualidade: criação singular para subjetivar os movimentos pulsionais daquele corpo, naquele contexto social e em sua trajetória de relações.

As intensas polêmicas sobre sexualidade feminina e inveja do pênis comumente desembocaram em problemas insolúveis pela disputa binária entre natureza *vs.* cultura, experiências com o corpo próprio *vs.* primado do outro, situados como polos excludentes. A superação de tais impasses exige uma posição menos dicotômica, tal como a assumida pelos que partilham de um paradigma contemporâneo hipercomplexo. Uma tal posição permite revisitar a obra freudiana ao considerar essa pendularidade em suas contribuições, de maneira que não seja necessário simplificar e desqualificar Freud para contribuir com uma leitura crítica renovada. Somente uma visão contextual poderia transformar aquelas polêmicas em debates fecundos, capazes de honrar a complexidade do tema.

Letícia Fiorini tratou de estudar o conceito de diferença com base nos obstáculos que o pensamento dicotômico apresenta para responder às demandas de escuta atuais dos consultórios psicanalíticos. Para fazer jus à existência de subjetividades plurais, repensa os diversos planos coexistentes da categoria de diferença, para além dos binarismos masculino-feminino, fálico-castrado. Nessa perspectiva, as operações que marcam diferença são chaves para o acesso ao universo simbólico, mas apenas se puderem ser consideradas em suas múltiplas vertentes que incluem o reconhecimento da alteridade. Nesse sentido, a diferença sexual não teria hierarquia em relação a outras capazes de instaurar uma dimensão simbólica. Ela aborda a categoria "diferença" como operador simbólico, uma contradição entre termos "de ordem linguística e discursiva. Mas pretender localizá-los e eternizá-los na oposição fálico-castrado (ou masculino-feminino) seria sustentar um imaginário baseado em relações de poder" (Fiorini, 2020, p. 205).

A noção de limes dos romanos, franja ampla de fronteira habitada por cidadãos e estrangeiros, romanos e bárbaros, zona de confluência de registros heterogêneos, resgatada pelo filósofo espanhol Eugénio Trías, ajuda Fiorini a pensar a questão, assim como Jô Gondar (2014) resgata de Walter Benjamim a ideia de limiar, zona de transição, mudança, fluxos e contrafluxos. Gondar a articula ao conceito de espaço potencial e entende os modos de sexuação como múltiplos e sempre inacabados, passagens para uma forma que não chega a ser atingida. Nessa mesma direção, Preciado afirma que "não existe diferença sexual, mas uma multidão de diferenças, uma transversalidade de relações de poder, uma diversidade de potências de vida" (Preciado, 2011, p. 18).

As construções do invejável

"O pessoal é político", dizia o slogan da segunda onda feminista que teve início nos anos 1960 e se assemelhava à proposição freudiana (Freud, 1921/2011, p. 14) de que "a psicologia individual é ao mesmo tempo, e desde o início, psicologia social". Entre as narrativas sobre o invejável, o belo e o poderoso, podemos situar muitas das construções histórico-sociais que se articulam às teorias sexuais infantis, refletindo-as e compondo-as. As prescrições e as proibições de lugares para cada um dos gêneros, aspectos valorizados e desvalorizados, significações atribuídas a características corporais, serão transmitidas em olhares, toques e palavras desde o encontro com o objeto primário. Por meio dele, o bebê receberá os goles da cultura que o infiltra e que, associado ao que no corpo pulsa pedindo trabalho, determinarão as singulares soluções psíquicas.

Em sintonia com a tese da "recusa da vagina" de Karen Horney, a sueca Liv Strömquist escreveu o bem-humorado *A origem do mundo: uma história cultural da vagina ou a vulva vs. o patriarcado* (2018). Como o título bem antecipa, o livro aborda a estranha relação que as sociedades estabelecem com a vagina e a vulva ao longo dos séculos. Ao comparar os modos de dominação e padronização do sexo feminino no patriarcado com a exaltação e a vinculação ao sagrado entre povos ancestrais, a autora é bem-sucedida em demonstrar que nossas diferentes concepções e narrativas sobre o órgão, construídas predominantemente por homens ao longo da história, trazem recortes políticos formadores do imaginário coletivo e prenhes de consequências.

Descobrimos, por exemplo, que mesmo em pleno desenvolvimento avançado dos estudos anatômicos humanos, apenas em 1998 os livros de anatomia puderam contar com as descobertas de Helen O'Connell, urologista australiana, sobre o verdadeiro formato do clitóris, projetado internamente bem além do que se imaginava até então. O esquecimento cultural da vulva, que poderia parecer desconhecimento inocente, mistura-se à tentativa de controle sobre o prazer feminino e se relaciona intimamente com a reduzida presença de cientistas mulheres que pudessem jogar luz sobre o tema. A vagina, cavidade interna associada à penetração, embora menos visível, é mais reconhecida culturalmente do que a vulva, composta de terminações nervosas destinadas à excitação e sensações de prazer feminino. Recortes que impactam a anatomia.

O corpo, o próprio e o do outro, impõe trabalho ao psíquico. Desperta sensações, curiosidades, angústias, inspira pesquisas e construções de teses, as infantis e as adultas (também tingidas pelas cores do infantil). O que são teorias se não narrativas criadas para ordenar o mundo e atribuir sentido ao enigmático? Não são a-históricas, universais – nem inquestionáveis. São produzidas em determinados momentos históricos, contingenciais, e mesmo quando disruptivas em relação ao pensamento da época, trazem em seu tecido as linhas que marcam um tempo. As desenvolvidas em psicanálise não fogem à regra e, frequentemente, levaram à patologização de experiências transidentitárias ou certos modos de ser mulher. Resistir à universalização, ao absoluto e ao totalizante, nos dá chances de revisitar concepções problemáticas ou insuficientes, além de considerar a multiplicidade de fatores que participam das amarrações subjetivas de cada um.

As mudanças sociais, concomitantemente determinadas e determinantes de tais narrativas, alteram a dinâmica das trocas intersubjetivas, das práticas eróticas, da parentalidade e interferem na relação estabelecida por cada um com seu próprio corpo. A lógica binária de gêneros, outrora inquestionável, é agora discutida intensamente, exigindo repensar as respostas mantidas, até então, à salvo de crise.

Mas afinal, como não ter inveja do pênis? Teorias sexuais infantis seguirão existindo: elas são próprias à exploração sexual humana e desafiam os limites do politicamente correto. São fantasias individuais edificadas na materialidade das experiências sensoriais dos corpos e nas trocas intersubjetivas primárias em conexão com as criações coletivas. Quanto a estas últimas, há certamente um trabalho a ser feito, enquanto cultura e epistemologia, para que possuidores de pênis, vagina ou intersexuais não vejam confirmada a assimetria de gênero que cristalize relações de poder e aprisione sistematicamente alguns na posição de inveja.

Referências

Alonso, S. (2002). Interrogando o feminino. In S. Alonso, A. Gurfinkel, & D. Breyton (Eds.), *Figuras clínicas do feminino no mal estar contemporâneo*. Escuta.

Amorim P. M. (2023). *Inveja da vagina*. Artes & Ecos.

Aulagnier, P. (1975.) *A violência da interpretação. Do pictograma ao enunciado*. Imago.

Beauvoir, S. (1980). *O segundo sexo* (Vol.1, II). Nova Fronteira. (Trabalho original publicado em 1949).

Bion, W. R. (1991). *O aprender com a experiência*. Imago. (Trabalho original publicado em 1962).

Butler, J. (2004). *Undoing gender*. Routledge.

Ferenczi, S. (1992). O problema do fim da análise. In S. Ferenczi, *Psicanálise IV* (A. Cabral, Trad., pp. 15-24). Martins Fontes. (Trabalho original publicado em 1928).

Fiorini, L. (2020). *Lo feminino y el pensamento complejo: subjetividades em transición*. Lugar.

Freud, S. (1937). Análise terminável e interminável. Obras completas.

Freud, S. (1996b). Três ensaios sobre teoria da sexualidade. In S. Freud, *Edição standard brasileira das obras psicológicas completas de Sigmund Freud*. Imago. (Trabalho original publicado em 1905).

Freud, S. (1996c). Sobre as teorias sexuais infantis. In S. Freud, *Edição standard brasileira das obras psicológicas completas de Sigmund Freud*. Imago. (Trabalho original publicado em 1908).

Freud, S. (1996d). Introdução ao narcisismo. In S. Freud, *Edição standard brasileira das obras psicológicas completas de Sigmund Freud*. Imago. (Trabalho original publicado em 1914).

Freud, S. (1996e). As transformações da pulsão e especialmente do erotismo anal. In S. Freud, *Edição standard brasileira das obras psicológicas completas de Sigmund Freud*. Imago. (Trabalho original publicado em 1917).

Freud, S. (1996f). A organização genital infantil. In S. Freud, *Edição standard brasileira das obras psicológicas completas de Sigmund Freud*. Imago. (Trabalho original publicado em 1923).

Freud, S. (1996g). A dissolução do complexo de Édipo. In S. Freud, *Edição standard brasileira das obras psicológicas completas de Sigmund Freud*. Imago. (Trabalho original publicado em 1924).

Freud, S. (1996h). Algumas consequências psíquicas da diferenciação anatômica entre os sexos. In S. Freud, *Edição standard brasileira das obras psicológicas completas de Sigmund Freud*. Imago. (Trabalho original publicado em 1925).

Freud, S. (1996i). Conferência 33: Feminilidade. In S. Freud, *Edição standard brasileira das obras psicológicas completas de Sigmund Freud*. Imago. (Trabalho original publicado em 1933).

Freud, S. (2011). Psicologia das massas e análise do Eu. In S. Feud, *Obras incompletas*. Companhia das Letras. (Trabalho original publicado em 1921).

Gondar, J. (2014). Sexualidades: fronteiras, limites, limiares. *Cadernos de Psicanálise – CRPJ, 36*(31), 51-68.

Green, A. (1996a). A sexualização e sua economia. In A. Green, *La metapsicologia revisitada*. Eudeba. (Trabalho original publicado em 1974)

Green, A. (1996b). Passividade e passivação. In A. Green, *La clinica psicoanalitica contemporânea*. Amorrortu.

Green, A. (2017). Paixões e destinos das paixões. In A. Green, *A loucura privada: psicanálise de casos-limite*. Escuta. (Trabalho original publicado em 1980).

Horney, K. (1924). On the genesis of the castration complex in women. *International Journal of Psycho-Analysis, 5*, 50-65.

Horney, K. (1926). The flight from womanhood: the masculinity-complex in women, as viewed by men and by women. *International Journal of Psycho-Analysis, 7*, 324-339.

Horney, K. (1932). *The dread of woman: observations on a specific difference in the dread felt by men and by women respectively for the opposite sex. International Journal of Psycho-Analysis, 13*, 348-360.

Horney, K. (1933). The denial of the vagina: a contribution to the problem of the genital anxieties specific to women. In K. Horney, *Female Sexuality* (pp. 253-265). Routledge.

Jones, E. (1927). The early development of female sexuality. *International Journal of Psycho-Analysis, 8*, 459-472.

Jones, E. (1935). Early female sexuality. *International Journal of Psycho-Analysis*, *16*, 263-273.

Klein, M. (1996). Estágios iniciais do conflito edipiano. In M. Klein. *Amor culpa e reparação e outros trabalhos (1921-1945)*. Imago. (Trabalho original publicado em 1928).

Klein, M. (1997). Os efeitos das ansiedades arcaicas no desenvolvimento sexual da menina. In M. Klein. *A psicanálise de crianças*. Imago. (Trabalho original publicado em 1932).

Lacan, J. (1972-1973). *O seminário livro 20, Mais, Ainda*. Zahar.

Lacan, J. (1977-1978). *O momento de concluir*. Zahar.

Laplanche, J. (2015). O gênero, o sexo e o sexual. In J. Laplanche, *Sexual: a sexualidade ampliada no sentido freudiano*. Dublinense.

Leite, R. L. (2021). Preciado, Laplanche, Freud: desobstruindo a escuta psicanalítica do sexual. *Jornal de Psicanálise*, *54*(100), 213-231.

Martins, A. A. (2024). Onde está a vulva? *Cult*, *27*(303), 16-20.

McDougall, J. (1999). Teoria sexual e psicanálise. In P. Ceccarelli (Org.), *Diferenças sexuais*. Escuta.

Mezan, R. (2014). *O tronco e os ramos*. Companhia das Letras.

Monzani, L. R. (1989). *Freud: o movimento de um pensamento*. Editora da Unicamp.

Preciado, P. (2011). Multidões queer: notas para uma política dos "anormais". *Revista Estudos feministas*, *19*(1), 11-20.

Preciado, P. (2014) *Manifesto contrassexual*. N-1 Edição.

Roudinesco, E. (1998). *Dicionário de psicanálise*. Zahar.

Stoller, R. J. (1993a). *Masculinidade e feminilidade: apresentação do gênero*. Artes Médicas.

Stoller, R. J. (1993b). *Sex and gender: the development of masculinity and femininity*. Karnac.

Strömquist, L. (2018). *A origem do mundo: uma história cultural da vagina ou a vulva vs. o patriarcado.* Quadrinhos na Cia.

Urribarri, F. (2023). As passivações e seus destinos: as três dimensões do conceito de passivação de André Green. *Jornal de Psicanálise*, 56(105), 25-35.

Winnicott, D. W. (1956). Preocupação materna primária. In D. W. Winnicott, *Da pediatria* à *psicanálise*. Ubu.

Zaltzman, N. (1999). Do sexo oposto. In P. Ceccarelli (Org.), *Diferenças sexuais*. Escuta.

11. Pode a mulher criar para além de gestar? A escrita como lugar do feminino para além dos diários privados

Marina Pinto de Camargo

> *A inspiração provavelmente está ligada a uma impossibilidade.*
> *À palavra "não". Que tudo nasça deste impossível.*
>
> (Villada, 2024)

Pensar o feminino é refletir sobre a fundação da psicanálise. Freud inicia seus estudos a partir do sofrimento de mulheres, as famosas histéricas de sua época. Houve algo de muito inovador quando ele se indagou sobre essas mulheres e pelo que chamou de enigma feminino – enigma esse que em algum momento preferiu deixar para as próprias mulheres e para que os poetas resolvessem. Penso que esse reconhecimento, para um homem de sua época, embora genial, de que não ia dar conta pelas limitações de sua condição, é o que nos possibilita avançar. Freud não fica satisfeito com suas elaborações sobre o feminino, reconhece a complexidade e a inscrição da alteridade do que estava diante dele.

A teoria freudiana da sexualidade feminina é um tema bastante discutido devido, principalmente, à hipótese da "inveja do pênis" incluída no complexo de Édipo da menina proposto por ele. Joel Birman, em *Gramática do erotismo* (2016), destaca que a teoria freudiana trata o homem e a mulher como um par que corresponde a perfeição *vs.* imperfeição. De acordo com o autor, o masculino seria o evidente, transparente, enquanto o feminino seria o enigma, aquilo que não se conhece profundamente, o obscuro. E tudo aquilo que se conheça do feminino só poderia ser conhecido a partir do masculino. A masculinidade seria sempre o ponto de partida. Então, temos uma teoria que tem em seu cerne uma visão falocêntrica do desenvolvimento da sexualidade também quando se ocupa da feminilidade. Essa noção é apresentada aqui não para fins de discussão – o que rende sempre boas e necessárias discussões e fazem a teoria avançar e complexificar-se –, mas para termos como linha de partida de onde Freud falava e desenvolvia suas teorias, e que, como presa a boa tradição psicanalítica, seguiram sendo discutidas e repensadas ao longo do tempo.

Leticia Glocer Fiorini (2020) ressalta que o conceito de feminino é complexo e demanda distinções específicas entre seus diversos significados. O feminino permeia a psicanálise e representa um ponto de interseção entre psicossexualidade, gênero, corpo, cultura e contrato social. Embora esteja relacionado às mulheres, também envolve homens e toda a estrutura social. O feminino não se restringe apenas às mulheres, mas essa relação é muito próxima. Portanto, nesse contexto, usarei o feminino como um atributo que pode ser universal e constitutivo para todas as pessoas, ainda que predominante entre as mulheres, do ponto de vista psicanalítico e epistemológico. Isso nos permite considerar mulheres e outras identidades que assim se identificam, incluindo mulheres trans e outras possibilidades de identificação.

Freud, em texto de 1932, diz: "Também consideramos as mulheres mais débeis em seus interesses sociais e possuidoras de menor capacidade de sublimar os instintos do que os homens" (1932/1976, p. 164). No mesmo texto, pouco depois, confessa sua limitação sobre o tema e joga para o futuro "informações mais profundas e coerentes" (1932/1976, p. 165). Birman aponta contradições e ambiguidades de

Freud ao citar formulações sobre o feminino na obra do fundador da psicanálise:

> *Com efeito, se, por um lado aquele discurso deu de fato voz e direito à fala para mulheres desde os seus primórdios, pela positivação da histeria no final do século XIX, realizou também, ao lado disso, uma leitura do psiquismo feminino pela qual este seria marcado pelas impossibilidades de sublimação e de restrições eloquentes na ordem do pensamento. Esta patente contradição está no fundamento de todas outras, que se enunciam como efeitos em cascata dessa formulação primordial.* (Birman, 2016, p. 18-19)

O contraste entre homem/cultura e mulher/natureza é uma ideia que pode ser encontrada nas obras de Freud, especialmente em sua concepção de desenvolvimento psicossexual e as funções atribuídas a cada gênero. Freud sugere que, tradicionalmente, a mulher é associada à natureza devido ao seu papel biológico na reprodução e à sua conexão com as forças instintivas e o inconsciente. Em contrapartida, o homem é mais frequentemente vinculado à cultura, sendo visto como o agente da civilização, ao intelecto, "superando" as pulsões por meio da sublimação e sua criação cultural. Freud explora essas ideias no seu célebre texto, de 1930, "O mal-estar na civilização" (1930/2006b).

Contudo, é importante notar que essa divisão reflete mais os preconceitos culturais e as normas sociais de sua época do que uma verdade universal sobre os gêneros. As visões de Freud sobre mulher/natureza e homem/cultura foram criticadas por serem reducionistas e por reforçarem estereótipos de gênero que limitam a compreensão das complexas interações entre sexo, gênero, cultura e natureza.

Na psicanálise contemporânea e nas teorias feministas e de estudos de gênero, essa dicotomia tem sido amplamente revisada e desafiada. A ideia de que cultura e natureza são necessariamente opostas, ou que estão rigidamente associadas ao masculino e ao feminino, tem sido substituída por uma compreensão mais fluida e dinâmica das relações entre gênero, identidade, cultura e biologia.

No livro *Deslocamentos do feminino*, Maria Rita Kehl (1998) examina o pensamento de Freud e sua relação com o feminino e utiliza, em algumas passagens, correspondências de Freud com Martha, sua esposa, para ilustrar suas ideias. Kehl observa que Freud frequentemente se inquietava com pensamentos de Martha que considerava inadequados (p. 196). É conhecida uma das cartas em que Martha expressa interesse em ler a obra de Stuart Mill, um defensor dos direitos das mulheres e Freud a desaconselha e sugere que se dedique aos filhos e afazeres domésticos, refletindo seu ideal do feminino e das atribuições que julgava relevantes às mulheres.

Bom, por que dentre tantas questões sobre o feminino destaquei anteriormente o recorte de Freud sobre a capacidade sublimatória das mulheres? O conceito de sublimação é bastante complexo na teoria psicanalítica, e muito embora não tenha tido um escrito próprio sobre o tema, perpassa toda obra de Freud e é fonte de investigação psicanalítica de vários autores. A sublimação se apresenta ora como defesa, ora como destino pulsional, ora como interlocução com a cultura e até como parâmetro de cura, já que possibilita uma alteração na economia psíquica.

A sublimação inclui, invariavelmente, em seu escopo conceitual o reconhecimento desse produto sublimatório pela cultura. A questão é como ser a sublimação uma possibilidade das mulheres se vivemos ainda em uma estrutura patriarcal que resistiu e ainda resiste tanto a valorizar o que se apresenta do feminino? Quem tem medo de Virginia Woolf? Acho que muita gente... Os feminicídios e discursos misóginos em alta não nos deixam mentir: no ano passado, o Brasil aumentou em quase 2% a taxa de feminicídio, contabilizando quase 1.500 casos neste ano, segundo Lesfem (2024).

Freud fala em alguns destinos da conflitiva edípica para a mulher: histeria ou frigidez, complexo de masculinidade ou, então, a saída ideal na maternidade (Freud, 1925/2006a, p. 291). Embora novas teorias tenham se desenvolvido nos anos posteriores, esse modelo clássico da feminilidade tendo a maternidade como ideal e resolução da conflitiva edípica atribui a maturidade da mulher pela capacidade reprodutiva, e não sua capacidade criadora para além da maternidade. Plantar uma árvore e ter um filho. Deixemos os livros para os homens. Daí a questão: pode a mulher criar para além de gerar, para além da sua potencialidade reprodutiva-biológica? Quando nos perguntam, mas afinal, o que é uma mulher, Virginia Woolf (1985, p. 120) diz: "o que é uma mulher? Eu lhes asseguro, eu não sei. Não acredito que vocês saibam. Não acredito que alguém possa saber até que ela tenha se expressado em todas as artes e profissões abertas à habilidade humana". A contundente sentença de Woolf remete à necessidade de expressão que por muito fora restrita aos homens.

Sobre isso destacamos a fala de Kehl:

> *O que está barrado para a mulher freudiana não é outra possibilidade de evolução nos destinos da libido a partir das dificuldades que ela tem que enfrentar no Édipo; o que a cultura ocidental dos séculos XVIII e XIX e do começo do século XX interditou às mulheres foram outras possibilidades identificatórias; a única identificação permitida para a menina, de acordo com os ideais de seu gênero, e que lhe promete alguma perspectiva de gratificação libidinal é a identificação à mãe, não enquanto mulher no sentido amplo (essa mulher ainda não existia), mas apenas na posição materna. (Kehl, 1998, p. 176)*

Não há produção que não seja atravessada por quem a produz. Então temos originalmente uma produção psicanalítica feita por

Freud e outros homens que traz o espírito de seu tempo. Leticia Glocer Fiorini fala da complexidade da teoria freudiana sobre mulheres com os reflexos de sua época.

> *As ideias imperantes, que refletem, em suas afirmativas a respeito da rigidez psíquica das mulheres, um superego deficitário, escasso sentido de justiça, interesses sociais mais débeis, menor aptidão para sublimação, assim como suas afirmativas a respeito da pouca capacidade de mudança "como se o difícil desenvolvimento da feminilidade houvesse esgotado as possibilidades da pessoa" (Freud, 1933). E, aqui, Freud alertando para que as feministas não o acusem de discriminação, conclui que as mulheres intelectuais, profissionais, existem porque somente desenvolveram sua parte masculina: uma verdadeira tautologia, como assinala S. Kofman (1980). (Fiorini, 2009, p. 129)*

Compreensível que Freud escreva desse lugar. Minha questão é sobre o que foi se sucedendo no meio psicanalítico e também literário. Recentemente, foi publicada em português a comunicação de Margarete Hilfeerding (2024) que apresentou uma tese desafiadora, questionando a noção do amor materno como algo inato – uma ideia amplamente aceita e promovida na cultura contemporânea. Seu questionamento tinha o potencial de abrir um espaço crítico para pensar sobre o papel imposto às mulheres na sociedade, particularmente no que diz respeito à maternidade. No entanto, a falta de repercussão da sua comunicação em 1911 pode ser vista como um reflexo do ambiente dominado por homens na psicanálise daquela época. A comunidade psicanalítica, composta majoritariamente por homens, talvez não estivesse pronta para questionar um dos pilares da cultura patriarcal: o papel da mulher como mãe devotada. Depois de 113 anos, seguimos engatinhando nessa direção. Talvez fosse mais fácil escutar uma histérica do que atribuir liberdade ao desejo feminino de ser ou não mãe. Atualmente tem se discutido, mais do que nunca, sobre o feminino restrito aos postos de cuidado.

Também em recente obra, *Manifesto antimaternalista* (2023), Vera Iaconelli denuncia o mal-estar ainda nos dias atuais em companhia de outras autoras do meio psicanalítico, como Juliana Lang Lima que, em *Transmissões do feminino* (2004), tensiona questões sobre o aborto e o ainda questionado desejo de não maternidade. Em *Freud e o casamento*, Maíra Marcondes Moreira (2023) também tensiona as relações de cuidado como um trabalho estritamente ligado ao feminino, mantendo a estrutura patriarcal que serve ao capitalismo e perpetua relações assimétricas de poder. Porém, muitas vezes essas discussões ficam relegadas a um nicho, como se a questão da parentalidade e do cuidado do outro fossem, realmente, atribuições que somente dizem respeito a esse mesmo público – as mulheres. A ideia de trazer esse ponto da maternidade e do cuidado é para acompanharmos como mesmo depois de tantos anos a maternidade segue sendo tida, como na época de Freud, uma possibilidade de satisfação libidinal tão primordial e essencial às mulheres que um manifesto se fez necessário. Obviamente a maternidade é uma possibilidade de realização e grande satisfação, porém ainda segue sendo idealizada como fonte principal e mistura-se com a difundida e ilusória ideia de completude.

Ter um filho, plantar uma árvore… escrever um livro. O *boom* dos últimos anos de livros escritos por mulheres vem para desfazer a ideia de que nossa saída sublimatória seria a maternidade e os afazeres domésticos. Na medida em que as pautas feministas foram avançando e a sociedade começou a valorizar a produção feminina para além da capacidade de gerar e cuidar, uma pequena-enorme-imensa revolução no mundo parece ter acontecido.

Por muitos anos, a escrita feminina se dava de forma privada, como um subproduto, relegada, como já dito anteriormente, a um nicho. Nos anos 1950, a italiana Alba de Céspedes trouxe a público um livro chamado *Caderno proibido* (2022), no qual a protagonista, uma dona de casa, mãe de dois jovens adultos, compra, quase que acidentalmente, uma espécie de diário e passa a fazer anotações que a surpreendem. Escondida até de si mesma, essa mulher vai percorrendo o caminho de suas escolhas e da feminilidade, fazendo confissões dolorosas sobre seu processo de autoanálise. No Brasil, Carolina Maria de Jesus e seu livro escrito em forma de diário, *Quarto de despejo: diário de uma favelada*, publicado pela primeira vez em 1960, impactou os leitores em um escrito no qual narra sua rotina de mulher preta e pobre. Hoje, depois de anos, figura nas listas de leituras obrigatórias do país. Sobre a escrita em diários, lembro que no início dos anos 1990, Maria Mariana lançou um livro com suas experiências e que casou *frisson* para as meninas da sua geração: ela falava de experimentações com drogas, sexo, corpo… o livro, *Confissões de adolescente* (1992) virou peça, série de TV e até hoje é lembrado com nostalgia por várias mulheres (agora na faixa dos 40 anos) por ter sido uma das primeiras leituras de rápida identificação – uma autora jovem que escrevia a partir de suas singulares experiências, mas que eram tão universais aos 17 anos, talvez daí todo sucesso. "Será que o íntimo passa a existir no momento em que o leitor, a leitora tem a sensação de estarem lendo a si mesmos em um texto?", interroga Ernaux (2023, p. 134). Parece que por muito tempo, pela escassez de escritos publicados pelas mulheres, essa identificação era menos acessível, mais restrita, o que afastou ainda mais esse público de um lugar de autoria também. Historicamente, as vozes femininas foram frequentemente marginalizadas ou silenciadas, mas à medida que os movimentos feministas ganharam força, as mulheres começaram a ocupar um espaço mais significativo na literatura e em outras formas de escrita.

A escrita feminina pode ser vista como uma forma de expressão pessoal, política e social, refletindo experiências, lutas e conquistas das mulheres. Muitas escritoras exploram temas como a identidade, a desigualdade de gênero, o corpo, a sexualidade, a maternidade e as relações de poder. Parece-me que a abordagem de uma mulher a tais temas difere da abordagem masculina, facilitando a identificação de quem lê. Obviamente que a criação, a ficção não pode estar limitada ao gênero, homens criam excelentes personagens femininas e vice-versa, mas há algo da experiência que foge do possível de ser traduzido, encenando, talvez o que Rosiska Darcy de Oliveira (2012) coloque como o "e", o intangível que deve ser reservado tanto ao masculino quanto ao feminino. Existe, por exemplo, o mistério de Elena Ferrante, que seria um pseudônimo de um outro escritor italiano. Em pequenos grupos, já ouvi mais de uma vez: "Nunca que um homem escreveria daquele jeito!". (Para o mistério de Elena Ferrante não tenho resposta, mas tendo a fazer coro para essa afirmativa).

Atualmente, a escrita de mulheres tem sido amplamente debatida, seja em clubes de leitura, seja pela crítica literária ou nas redes sociais. O fenômeno Annie Ernaux, que transcendeu então "o tal nicho", recebendo o prêmio Nobel de Literatura no ano de 2022, trouxe à tona especificidades de uma escrita denominada "escrita de si" ou "autoficção" ou "escrita autobiográfica" que, embora não sejam sinônimos, partem da vivência pessoal de quem escreve, às vezes em formato híbrido, misturando realidade e ficção. Uma definição de cada estilo literário de forma mais minuciosa e precisa pode ser encontrada no debate e na produção de especialistas da área. Sucintamente, a "escrita de si" é um conceito que se refere à prática de autoconhecimento e autorreflexão por meio da escrita. Originando-se em grande parte do trabalho do filósofo Michel Foucault, essa ideia abrange a forma como os indivíduos constroem e reinterpretam suas identidades ao longo do tempo por meio do registro de suas experiências, pensamentos e sentimentos.

Escrever de si em um diário tem essa função, mas quando rompem esse espaço privado, podemos perceber que reverberam e alcançam *status* de obras literárias. Esse *boom* dos últimos anos talvez seja a onomatopeia dessa bolha rompida.

> *Quanto mais eu leio história de mulheres, mais sentido vejo em escrevermos de forma pessoal. Aquilo que vivemos na intimidade, achando que só acontece com a gente, e por culpa nossa, acontece desde há muito milênios com, se não todas, quase todas nós. Primeiro nos dizem para escrevermos em segredo sobre nós mesmas. Depois, quando decidimos mostrar para os outros o que escrevemos, nossos diários, nossas cartas, nossas narrativas em primeira pessoa não são consideradas literatura, ou são literatura menor. Só que nada fala mais de quem somos, de quem nos tornamos, coletivamente, do que as histórias de nossas vidas. (Levy, 2024, p. 39)*

Aproveito para compartilhar uma pequena história. Em 1998, uma amiga lançou um livro de poesia. Um renomado autor gentilmente fez o prefácio, em que exaltava sua escrita como "feminina até o limite do concebível". A amiga ficou bastante ressentida de ter sua poesia atrelada ao feminino em uma interpretação, segundo ela, de um lugar menor, nichada, limitada. Quem iria querer ler poesia tão feminina? Seria lida então somente por mulheres, o que frustrava suas expectativas de reconhecimento, pois a crítica literária era dominada por homens. Ainda hoje, esse é um ponto: existe literatura feminina? Ninguém usa o termo literatura masculina. Algumas sugerem "literatura feita por mulheres" como uma forma de denominação política, já que tal literatura ficou invisibilizada por tantos anos.

No livro *A obrigação de ser genial* (2024), a argentina Betina González lembra que nem todos escritores homens têm "a obrigação de ser genial", somente os que por algum acaso foram excluídos, situação de partida das escritoras mulheres. Ela escreve: " um escritor pode contentar-se em ser bom, aceitável ou francamente medíocre, porque até a mediocridade lhe renderá um bom espaço que já era garantido pelo mero pertencimento a um gênero" (González, 2024, p. 164). Em seguida, infere que, ao designar a mulher escritora como genial, isso é colocado como anomalia, uma forma de isolamento " a exceção que confirma a regra" (p. 164).

> *Não basta ser boa, é preciso ser genial. A obrigação de ser genial se internaliza então pelo que é: um mandato social, a autoexigência de produzir uma obra extraordinária para que o crime cometido na solidão seja perdoável... O genial é a forma mais efetiva de censura para uma escritora. (González, 2024, p. 164-165)*

Betina González fala de toda uma estrutura que não possibilita que a criação das mulheres assuma um lugar de universalidade, em contraponto à produção masculina, tida, assim como na teoria clássica psicanalítica, como o lugar de onde tudo deriva. Para que possamos ampliar a teoria e a expansão que somente a arte permite, formas de subjetivação diversas devem ser contempladas a partir de um lugar de produção e de reconhecimento desse produto.

Creio que muito da aproximação literatura-psicanálise seja permeada por essa possibilidade: considerar ambas como formas de expressão humana que compartilham a palavra como matéria-prima, a capacidade de criar narrativas sobre o eu e a limitação intransponível da própria linguagem e do impossível de psicanalisar.

Referências

Birman, J. (2016). *Gramática do erotismo: a feminilidade e as suas formas de subjetivação em psicanálise* (2. ed.). Civilização Brasileira.

Cáspedes, A. (2022). *Caderno proibido*. Companhia das Letras.

Ernaux, A. (2023). *A escrita como faca e outros textos*. Fósforo.

Fiorini, L. G. (2009). As mulheres no contexto e no texto freudianos. *Jornal de Psicanálise*, *42*(76), 121-135.

Fiorini, L. G. (2020). *Lo femenino y el pensamiento complejo: subjetividades en transición*. Lugar Editorial.

Freud, F. (1976). Novas conferências introdutórias. In S. Freud, *Obras psicológicas completas de Sigmund Freud*. Imago. (Trabalho original publicado em 1932).

Freud, S. (2006a). Algumas consequências psíquicas da distinção anatômica entre os sexos. In S. Freud, *Edição standard brasileira das obras psicológicas completas de Sigmund Freud* (Vol. 19). Imago, 2006. (Trabalho original publicado em 1925).

Freud, S. (2006b). O mal-estar da civilização. In S. Freud, *Edição standard brasileira das obras psicológicas completas de Sigmund Freud* (Vol. 14). Imago (Trabalho original publicado em 1930).

González, B. (2024). *A obrigação de ser genial*. Bazar do Tempo.

Hilferding, M. (2024). *A base do amor materno*. Artes & Ecos.

Iaconelli, V. (2023). *Manifesto antimaternalista: psicanálise e políticas da reprodução*. Zahar.

Jesus, M. C. (1960). *Quarto de despejo: diário de uma favelada*. Francisco Alves.

Kehl, M. R. (1998). *Deslocamentos do feminino: a mulher freudiana na passagem para a modernidade*. Imago.

Lesfem. (2024). *Monitor de feminicídios do Brasil revela aumento alarmante e estatísticas preocupantes*. UEL. Disponível em: https://sites.uel.br/lesfem/monitor-de-feminicidos-do-brasil-revela-aumento-alarmante-e-estatisticas-preocupantes/. Acesso em: 13 ago. 2024.

Levy, T. S. (2024). *Melhor não contar*. Todavia.

Lima, J. L. (2024). *Transmissões do feminino*. Artes & Ecos.

Mariana, M. (1992). *Confissões de adolescente*. Relume Dumará.

Moreira, M. M. (2023). *Freud e o casamento: o sexual no trabalho de cuidado* (Psicanálise no século XXI, 5). Autêntica.

Oliveira, R. D. (2012). *Elogio da diferença: o feminino emergente*. Rocco.

Sosa Villada, C. (2024). *A viagem inútil: trans/escrita*. Fósforo.

Woolf, V. (1985). Profissões para mulheres. In V. Woolf, *O momento total: ensaio de Virgínia Woolf*. Ulmeiro.

12. O sexual da raça: pensar a diferença para além do binarismo do gênero

Renally Xavier de Melo

> *"Não se pode ter tudo, Sula." Nel estava ficando exasperada com a arrogância dela, com o fato de que estavas às portas da morte ainda querendo dar uma de superior.*
>
> *"Por quê? Se eu posso fazer tudo, por que não posso ter tudo?"*
>
> *"Você não pode fazer tudo. Você é mulher e, aliás, é mulher de cor. Não pode agir que nem um homem. Não pode andar por aí toda independente, fazendo o que bem entender, roubando o que bem quiser, largando o que não quer".*
>
> *"Você está se repetindo."*
>
> *"Me repetindo como?"*
>
> *"Você diz que sou mulher e que sou de cor. Não é a mesma coisa que ser homem?"*
>
> (Morrison, 2020)

Inicio este texto com um trecho da literatura norte-americana da escritora estadunidense Toni Morrison para dar ao leitor uma representação daquilo que tem sido algumas reflexões de minha pesquisa de doutorado em que um de seus objetivos é investigar as contribuições do feminismo negro à psicanálise para a reflexão sobre a diferença sexual. Ao estabelecer as aproximações e os tensionamentos entre esses campos de saber, visamos extrair consequências para pensar a relação existente entre diferença sexual e diferença racial.

Para tanto, vamos pensar as contribuições do feminismo com foco nas contribuições do feminismo negro a partir de uma perspectiva que considera a lógica decolonial. Isso nos faz inferir que a raça pode ser uma chave de leitura para pensar a forma como o sujeito é colonizado pelo Outro.

Paul Preciado (2022), em seu texto *Eu sou o monstro que vos fala*, faz uma crítica à forma como a psicanálise estabeleceu a diferença sexual a partir de um modo falocentrado naquilo que ele considera que esse campo entende como a diferença entre os sexos a partir de uma lógica binária, e que isso não será sem implicações teórica, clínica e política nas construções de narrativas e reproduções de violências nos espaços destinados a tratar o sofrimento psíquico do sujeito.

As críticas tecidas pelo autor supracitado apontam para as mudanças que o regime da diferença sexual imprime sobre os corpos, e isso não será sem efeitos epistemológicos. Isso porque, ao apontar que há uma violência epistêmica no paradigma da diferença sexual que não pode ser desarticulada do regime patriarco-colonial, o feminismo terá um papel importante para questionar os processos de dominação que esse regime impõe aos corpos.

Nesse sentido, parece importante retornar um ponto de aproximação entre o feminismo e a psicanálise estabelecido por Stuart Hall (2015) em *Identidade cultural na pós-modernidade*, em que o autor vai considerar que tanto a psicanálise quanto o feminismo são epistemologias que descentram o sujeito da modernidade. Por sua vez, a descoberta freudiana, ao conceitualizar o inconsciente, aponta para aquilo que escapa ao controle da racionalidade, em que o Eu não é senhor de sua própria casa e as fronteiras de irracionalidade e racionalidade passam a estar permeadas entre si.

De modo semelhante, pensamos o feminismo em sua lógica de descentramento do sujeito da modernidade, à medida que ele propõe romper as fronteiras entre o pessoal e o político, fazendo com que o privado e o público se misturem, e lugares que antes eram entendidos como íntimos podem ser pensados como centros de debates importantes da vida pública.

Nesse sentido, entendemos que o diálogo com o feminismo é fundamental à psicanálise na medida em que coloca uma questão acerca dos discursos de dominação sobre ser homem e mulher e como tais processos possibilitam pensar a inscrição da diferença. O que implica, de certa forma, pensar as consequências políticas da diferença entre os sexos. No entanto, o feminismo faz uma associação em que sexo passa a ser pensado como gênero.

Em contrapartida, interrogamo-nos se, em uma sociedade que se organiza em uma lógica patriarco-colonial, seria a diferença racial a única possibilidade de inscrição da significação fálica. Fazemos essa reflexão a partir da nossa experiência clínica em que comumente escutamos pessoas negras situarem que a percepção de ser homem ou mulher vem após a percepção da diferença entre ser branco ou negro.

Recentemente, em uma sessão com uma mulher negra, ela diz que, quando se olhava no espelho, não se percebia como mulher, mas como um nada; olhava no espelho e via com horror as características que seu corpo refletia de sua própria imagem e ali não conseguia se representar como uma mulher igual às outras. Vale destacar que homens negros também apresentam narrativas semelhantes a essa. Tais escutas nos levam a interrogar sobre o estatuto da diferença entre os sexos quando temos isso interseccionado com a diferença que se inscreve por meio da raça a partir de uma operação lógica em que temos a negação ao perceber a diferença racial.

Nessa mesma direção, encontramos nas contribuições do pensamento de Lélia Gonzalez (2020b) um argumento que nos orienta na busca da resposta a essa questão quando a autora diz que a consciência racial a despertou primeiro do que a questão sexual, o que implica em pensar que, antes de ser mulher, ela era negra.

Em seu livro *O que é sexo?*, Alenka Zupančič (2023) discorre sobre a relação entre gênero e sexo, indicando que um dos pontos fundamentais da psicanálise foi possibilitar a discussão de uma leitura da sexualidade que deixava de ser moral e passava a considerar a importância da sexualidade para a ontologia. É a partir das contribuições de Zupančič (2023) que vamos pensar que a questão da sexualidade é um paradigma da pesquisa e da exploração da diferença, o que é fundamental para pensarmos na constituição do sujeito do inconsciente. Ao problematizar a dimensão política do feminismo, a autora infere que, para além de uma questão política, temos uma questão ontológica que passa pela sexualidade. Assim, o que está em jogo na problematização do espaço político é a dimensão de inexistência. Zupančič (2023) aponta, então, que, ao transformar a diferença sexual em uma diferença de gênero, temos uma perda no que diz respeito à questão sexual na forma como ela inscreve essa diferença.

Diante disso, gostaríamos de pensar o regime da diferença a partir das contribuições do feminismo negro, no que tange, a nosso ver, a um questionamento em torno do universal, pois, com isso, ele retoma a discussão sobre a diferença a partir de um outro ângulo e vai considerar a interseção de gênero, raça e classe, o que possibilita pensar a diferença a partir de uma operação de negação.

Isso posto, o feminismo negro nos possibilita uma chave de leitura que leva em consideração o modo como o sujeito é colonizado pelo Outro, o que implica considerar que os modos de gozo incidem sobre os corpos dos sujeitos.

Costa (2020) infere que o feminismo, em sua perspectiva decolonial, apoia-se em um paradigma ontológico. Tal argumento se sustenta nas contribuições de Stuart Hall para inferir que, a partir da leitura da diferença, temos um processo que não se esgota, mas permanece em um ponto de indecidibilidade; trata-se, então, de considerar a diferença de um modo relacional, em que uma parte permanece inassimilável do outro, o que implica pensar que nessa relação haverá um resto que é impossível de tradução.

O argumento de Costa (2020) também irá se apoiar nas contribuições de Quijano para discorrer sobre os efeitos do colonialismo e do capitalismo. Nesse sentido, tem-se que a naturalização da diferença sexual é um produto da modernidade. Interrogamo-nos, porém, se raça pode ser dissociada de gênero, uma vez que tais categorias nos parecem ser uma ficção de poderes que se relacionam entre si a partir daquilo em que capitalismo e colonialismo, em sua lógica de exploração, se retroalimentam.

Raça e gênero, nessa perspectiva, servem para engendrar as sociedades subalternas, o que implica considerar que tais categorias apresentam a colonialidade do poder. Além disso, tais categorias nos ajudam a ler a incidência dos territórios sobre os corpos.

Dito isso, gostaria de retomar a dimensão da negação em sua articulação à lógica colonial. Tais concepções de negação serão abordadas por Bell Hooks (2019) em *E eu não sou uma mulher?*, bem como por Grada Kilomba no prefácio do livro *Peles negras máscaras brancas* (Fanon, 2020), de acordo com qual o racismo produz um princípio de ausência em que o negro não faz parte da norma que é estabelecida pela branquitude, ou seja, não faz parte do universal. E segue no argumento de que um homem negro é homem, mas, por não ser branco, não tem acesso ao patriarcado, ou seja, torna-se outro; e uma mulher negra, não sendo branca nem homem, encarna uma dupla ausência, que a interdita para ter *status* de Outridade, ou seja, a mulher negra é a outra da outra.

Em "Racismo e sexismo na cultura brasileira", Lélia Gonzalez (2020b) pensa o mito da democracia racial a partir do argumento freudiano que se encontra no texto *A negação* (1925), assim vai reler *a nega ativa* a partir da fantasia que se revela no carnaval em que o mito em questão pode ser lido com sua força simbólica. Isso porque aquilo que aparece no carnaval é o que fica oculto no cotidiano, fica na agressividade que recai em especial sobre o corpo da mulher negra. É a partir dessas considerações que ela vai considerar que o lugar do negro se relaciona a uma dimensão que se inscreve a partir de sua lógica sexual naquilo que as funções da mucama não se restringiam apenas às tarefas domésticas, mas também à prestação de serviços sexuais.

Em Lélia Gonzalez (2020b), a questão racial não fica restrita a uma explicação econômica, mas ganha dimensão de satisfação sexual daquilo que se passa a nível inconsciente, o que implica considerar que o lugar do negro na cultura brasileira é pensado a partir de uma lógica que passa pelo mecanismo da repressão. Nesse mesmo sentido, Freud (1915/2010) vai pensar a comunicação entre inconsciente e pré-consciente a partir de uma lógica que considera a questão racial que, por mais que os mestiços tenham características que se assemelham aos brancos, eles não conseguem gozar dos mesmos privilégios que os brancos, pois portam algum traço que os fazem ser interditados.

Porém, no mecanismo apresentado no texto freudiano de 1925 – *A negação* – temos uma explicação acerca da noção de que um conteúdo de representação recalcada pode chegar até a consciência desde que ele seja negado, sendo a negação uma forma de tomar conhecimento do recalcado bem como uma suspensão do próprio recalcamento. O que o mecanismo da negação revela, assim, é a possibilidade de o sujeito exprimir negativamente um desejo.

Para além da questão de a metapsicologia pensar esse mecanismo a partir do feminismo negro, ela nos possibilita um olhar que permite ampliar a reflexão da denegação como algo típico da perversão como possibilidade de pensar o laço social no Brasil a partir de como a raça nos ajuda a pensar o sexual além das fronteiras binárias do gênero.

Seguindo esse mesmo argumento, Gonzalez (2020b) infere, ao longo de sua obra, que o laço social brasileiro é marcado pelo mecanismo de denegação que se inscreve a partir do mito da democracia racial. Isso posto, sabemos que o mecanismo da denegação se articula ao fetiche na medida em que este é um mecanismo de defesa do eu na estrutura perversa. Lélia Gonzalez (2020b) se apoia na mesma lógica do argumento freudiano encontrado em "Psicologia das massas e análise do eu" (1921/2020b), ao se apropriar de categorias psíquicas para explicar o funcionamento social.

Dito isso, a denegação é um modo de funcionamento psíquico em que a diferença não é simbolizada, pois, ao ser reconhecida, ela é denegada por meio do objeto fetiche. A partir disso, inferimos que o modo de funcionamento fetichista é um modo que considera uma satisfação pulsional que elege um determinado objeto para a satisfação.

Interrogamo-nos, porém: como fica o regime da diferença em um funcionamento que, ao reconhecer a raça como uma diferença, a denega? Nesse sentido, Gonzalez (2020b) aponta para o fato de que o mito da democracia racial é um discurso que, ao mesmo tempo que afirma que no Brasil não há racismo, pois "todos são iguais", revela que o ideal de eu em sua sociedade colonial é o branco.

Gostaria de retornar às considerações freudianas em "Três ensaios sobre a teoria da sexualidade" (1905/2016) em que o autor discorre acerca do desenvolvimento psicossexual e, com isso, reforça nosso argumento de que a base da sexualidade se inscreve em uma lógica perversa e polimorfa, o que implica que o objeto da satisfação pulsional pode ser qualquer objeto, não se restringindo apenas ao genital.

Dito isso, ao pensar o mecanismo de denegação que se inscreve na lógica colonial da raça, em especial na forma como ela é posta no laço social brasileiro que opera pelo mito da democracia racial em que temos a simbolização da diferença racial marcada por este, inferimos que isso não elimina os modos de satisfação pulsional que incidem e marcam os corpos. Com isso, não desconsideramos o modo como os corpos são lidos na cultura, nem a forma como esses discursos produzem efeitos para a escolha de um objeto em que se investe a libido.

O que extraímos como consequência dessa intersecção entre as categorias de raça e gênero consiste no fato de que raça anuncia gênero. Assim como nos lembra Karla Akotirene (2021) a partir de seu pensamento interseccional, o que nos interessa pensar nesse argumento do feminismo negro é a dimensão sexual da raça. Ao lermos essa formulação do feminismo negro a partir de uma ótica psicanalítica, inferimos que raça indetermina gênero.

Fanon (2020) aponta que o negro é atingido em sua corporeidade, pois a dimensão de virilidade é atingida em seu esquema corporal. Assim como nos lembra Faustino (2014) de que o homem negro é um pênis sem o falo. O argumento de Fanon sobre o esquema corporal do negro e o modo como ele é atingido se dá por meio da operação do fetiche em que há uma fixação no genital, que aqui, vale destacar, há uma dissociação entre o pênis e o falo.

Esse ponto nos parece importante para pensar a dimensão sexual da raça a partir da qual ela pode ser escrita para além de uma representação binária de gênero, masculino e feminino. Assim, um dos modos de pensar o falo na teoria freudiana seria a partir do caráter sexual da libido. Já em uma perspectiva lacaniana, o falo é entendido como um operador da dissimetria entre o gozo e o desejo. Em "Além do princípio do prazer" (Freud, 1920/2020a), o falo passa a ser não só um símbolo da vida, mas sua dimensão sexual passa a estar articulada em uma lógica que considera que vida e morte estão articuladas.

Lacan (1958), em "A significação do falo", apresenta a dimensão do falo no inconsciente e o seu lugar na ordem do significante, em que esse passa a ser um significante do desejo. Já no seminário *Mais ainda*, Lacan (1972-1973) nos apresenta, a partir da algebrização que radicaliza a diferença sexual, as quatro fórmulas da sexuação, que nada mais são do que tentativas lógicas de quatro formas de se relacionar com o falo, que tentam ordenar o texto do gozo entre o universal e a exceção. O falo pode ser pensado como um buraco, como um objeto topológico no lugar do Outro. Assim, o falo, em sua abordagem lógica e topológica como significante do gozo sexual, é o ponto em que se articulam as diferentes relações com o corpo. Daí a concepção lacaniana do falo como inacessível, podendo ser pensado como o significante do desejo.

Nesse sentido, entendemos que raça produz uma operação de indeterminação em que há uma impossibilidade de se identificar o gênero pelo sexo, em que temos inscrita uma zona de indeterminação, uma vez que não há uma junção entre o órgão genital e o falo. Se na denegação, como nos apresenta Lélia Gonzalez (2020b), o falo pode ser lido a partir da lógica do desmedido, isso se dá pelo fato de que, nessa operação, o que está em jogo é que o fetichista tenta sustentar ao nível da consciência duas ideias ao mesmo tempo: a ausência e a presença. O fetiche é, nessa lógica, uma problemática fálica. Cabe ressaltar que há no fetichismo uma espécie de parada na imagem que Lacan vai considerar que não possui valor de metáfora, mas de metonímia.

As fórmulas da sexuação são as formas pelas quais homens e mulheres se relacionam com o próprio sexo. Desde os "Três ensaios sobre a teoria da sexualidade", a sexualidade humana pode ser pensada a partir de sua dimensão perversa no ponto em que a sexualidade infantil é perversa e polimorfa, bem como o fantasma inconsciente. E que como consequência temos que as pulsões sexuais não se limitam ao genital.

Em Lacan (1958), teremos a sexualidade humana sendo subvertida pela linguagem. Assim, se o falo representa a forma pela qual é ordenado o desejo, a função fálica não é só a função da castração, mas também a relação do sujeito com os objetos.

Retomo as considerações de Zupančič (2023) sobre a diferença sexual poder ser pensada não apenas como um problema de identidade, mas como um problema que porta uma impossibilidade ontológica, em que o sexual será um objeto de investigação psicanalítica, não sendo entendido como aquele que não porta um sentido, mas exatamente aquele que não pode ser inscrito na lógica do sentido. Se a cultura aponta para uma divisão entre natureza e símbolos sociais, a dialética que a psicanálise opera é uma outra que considera a experiência do Um.

Dito de outro modo, a sexualidade humana é pensada a partir daquilo que ocupa o lugar de significante ausente, em que teremos a relação sexual impossível de ser escrita. Lacan (1971/1973), ao fazer uso das quatro fórmulas da sexuação, tenta, por meio de uma formulação lógica, escrever aquilo que é impossível de escrever. De entrada, temos um impasse que se escreve na constituição do sujeito.

Nesse sentido, nos parece que o feminismo negro, ao apontar a impossibilidade de identificação ao gênero, possibilita pensarmos o que há de sexual na raça por meio de uma lógica que considera o significante ausente. O feminismo negro nos possibilita pensar além das fronteiras de uma crítica binária, em que normalmente as identidades de gêneros são pensadas nos possibilitando pensar a partir de uma lógica que aponta para aquilo que se presentifica na ausência de significação em que raça pode ser pensada como objeto *a*.

A tua presença

Entra pelos sete buracos da minha cabeça

A tua presença

Pelos olhos, bocas, narinas e orelhas

A tua presença

Paralisa meu momento em que tudo começa

A tua presença

Envolve meu tronco, meus braços e minhas pernas
A tua presença
É negra, negra, negra, negra, negra, negra, negra, negra
("A tua presença morena", Caetano Veloso)

Enquanto aqui embaixo a indefinição é o regime
E dançamos com uma graça cujo segredo
Nem eu mesmo sei
Entre a delícia e a desgraça
Entre o monstruoso e o sublime
("Black or White/Americanos", Caetano Veloso)

Referências

Akotirene, C. (2021). *Interseccionalidade.* Jandaíra.

Costa, C. L. (2020). Feminismos decoloniais e a política e a ética da tradução. In H. B. Holanda, *Pensamento feminista hoje: perspectivas decoloniais*. Bazar do Tempo.

Fanon, F. (2020). *Peles negras máscaras brancas*. Ubu.

Faustino, D. M. (2014). O pênis sem falo: algumas reflexões sobre homens negros, masculinidades e racismo. In *Feminismos e masculinidades: novos caminhos para enfrentar a violência contra a mulher*. Cultura Acadêmica.

Freud, S. (2010). O inconsciente. In *Sigmund Freud. Obras completas* (Vol. 12, P. C. Souza, Trad.). Companhia das Letras. (Trabalho original publicado em 1915).

Freud, S. (2016). Três ensaios sobre a teoria da sexualidade. In *Sigmund Freud. Obras completas* (Vol. 6, P. C. Souza, Trad.). Companhia das Letras. (Trabalho original publicado em 1905).

Freud, S. (2020a). Além do princípio do prazer. In *Obras incompletas de Sigmund Freud* (M. R. S. Moraes, Trad.). Autêntica. (Trabalho original publicado em 1920).

Freud, S. (2020b). Psicologia das massas e análise do Eu. In *O mal-estar na cultura e outros escritos. Obras incompletas de Sigmund Freud* (M. R. S. Moraes, Trad.). Autêntica. (Trabalho original publicado em 1921).

Freud, S. (2020c). A negação In Neurose, ´psicose, perversão. *Obras incompletas de Sigmund Freud* (M. R. S. Moraes, Trad.). Autêntica. (Trabalho original publicado em 1925).

Gonzalez, L. (2020a). Mito feminino na revolução de malê. In *Por um feminismo afro-latino-americano*. Zahar.

Gonzalez, L. (2020b). Racismo e sexismo na cultura brasileira. In *Por um feminismo afro-latino-americano*. Zahar.

Hall, S. (2015). *A identidade cultural na pós-modernidade*. Lamparina.

Hooks, B. (2019). *E eu não sou uma mulher?* Rosa dos Tempos.

Lacan, J. (1958). A significação do falo. In *Escritos*. Jorge Zahar.

Lacan, J. (1972-1973). *Mais ainda*. Zahar.

Morrison, T. (2020). *Sula*. Companhia das Letras.

Preciado, P. B. (2022). *Eu sou monstro que vos fala*: relatório para academia de psicanalistas. Zahar.

Zupančič, A. (2023). *O que é sexo?* Autêntica.

13. Um bicho que já não sangra todo mês

Juliana Lang Lima

Nos últimos anos, tenho produzido tanto acerca do feminino que, por vezes, eu me pergunto se ainda há algo a ser dito. Desde já, explico: minha inquietude não é sobre a pertinência de novos escritos sobre o tema, o que jamais colocaria em questão. Nesse sentido, sou representada pelas palavras da escritora mexicana Jazmina Barrera (2023) que, ao comentar um movimento de crítica à profusão de novos escritos sobre feminino e maternidade, sob o desprezível argumento de que tais temas estejam "na moda", reivindica um crescimento ainda maior: eu quero um cânone, diz ela, uma tradição; obras boas, obras ruins, qualquer coisa, mas quero que as mulheres escrevam.

Pois por aqui também desejo que as mulheres escrevam, muito e cada vez mais, mas a dúvida que me atinge paira sobre minha capacidade de oferecer algo que ainda cause interesse. Não que esses assuntos sejam esgotáveis ou que minha trajetória seja tão longeva, mas fui atormentada pelo interesse genuíno em ofertar alguma novidade, adentrar em algum campo pouco explorado.

Aos poucos, uma possibilidade parecia surgir, oriunda da clínica, sempre ela, nossa grande guia. A ideia fez brotar um sorriso entusiasmado em mim, quando pensei que fazia parte de uma certa linha do tempo pessoal. No início de minhas produções, ocupei-me dos desdobramentos da gestação da analista em sua prática clínica, desde as ocorrências na transferência até situações mais amplas, como as ligadas a trabalho, licença-maternidade, impactos disso na economia doméstica, na construção de uma carreira. Quando vi, o tema da maternidade havia ganhado muito espaço entre minhas leituras, em minha clínica. E então veio o impulso de produzir acerca dos impactos dessa vivência sobre as mulheres. Parto, amamentação, retorno ao trabalho, desafios em conciliar o papel materno e os desejos de mulher... o feminino, em algumas de suas vertentes.

Mais recentemente, outros campos dessa temática se desvelaram para mim, e fui me aventurando em mais questões sensíveis para as mulheres, como o aborto, o não desejo pela maternidade, as ambivalências decorrentes dessas escolhas, as relações entre mães e babás, entre outras. Tais produções podem ser acessadas em três livros cujos títulos explicitam o desenvolvimento feito até aqui: *A analista grávida* (Degani et al., 2020), *Tempos maternos* (Lima, 2022) e *Transmissões do feminino* (Lima, 2024).

No momento em que chegou a convocação para este livro, não existia algo específico que teimasse em me chamar para a escrita; havia apenas uma sensação que me fazia pensar que teria que passar pelo corpo – não somente o corpo político, esse do laço social, sobre o qual tanto ainda precisamos problematizar, mas também o corpo pulsional, palco de encontros e desencontros. Foi a fala de uma analisanda que sedimentou o caminho:

> Eu achei que ia sentir muito a chegada nos quarenta [anos], mas acho que já tinha ficado tão louca depois que a minha filha nasceu, que nos quarenta eu me senti renascendo, voltando a ficar bonita. Só que agora eu tenho um medo danado da menopausa. A sensação que me dá é de que vou perder o brilho. Pra sempre.

E então aí estava ele, o tema: menopausa! Algo tão comum, uma vivência quase ordinária, mas sobre a qual pouco se fala, inclusive nos círculos de mulheres. Sim, temos estudado as especificidades do corpo feminino por uma ótica diversa, mas temos falhado em abordar esse aspecto específico, que se associa ao declínio das funções sexuais e traz consigo os desafios do envelhecimento.

Quando pequena, vivendo no interior do Rio Grande do Sul, lembro com nitidez de uma piada que era contada pelos homens. Dizia mais ou menos assim: como se poderia confiar em um bicho que sangra por sete dias, todos os meses, e não morre? Pois esse bicho era a mulher, essa mulher que eu ainda não era, mas que um dia viria a ser. Embora a ideia desse chiste fosse alertar para as suspeitas que se deve ter diante de um sujeito do sexo feminino, de forma colateral, também aponta para sua potência, chancelando-a como um ser fértil, capaz de engendrar a vida. E o que se passa quando essa fonte seca, e esse fluido para de correr? Quando a reprodução não é mais uma possibilidade, por quais atalhos a pulsão encontra seu caminho?

Um pouco de Freud, para não perder o hábito

Quase 100 anos atrás, Freud escreveu um de seus textos mais conhecidos, "O mal-estar na cultura" (1930/2020). Nele, dedicou-se a explorar o sofrimento decorrente do abandono da condição animalesca, com atenção especial para o sentimento de culpa que acompanha o homem em sua existência. Sou do time que celebra esse artigo e o considera uma verdadeira obra-prima, que merece ser lida e estudada muitas vezes – não por dever ou reverência, mas por amor, como preconizava Ítalo Calvino (2007).

Feita minha pequena homenagem, passo a outro ponto desse escrito freudiano, que só mais recentemente veio a chamar minha atenção. Dentre as fontes de sofrimento listadas por Freud estão a impotência diante das forças da natureza, as interações entre as pessoas e os chamados do próprio corpo – três direções distintas que escancaram a insuficiência da condição narcísica e denunciam a extensão do desamparo humano, aspectos que ninguém há de contradizer. Do ponto de vista psicanalítico, nos interessaria sobremaneira os aspectos corpóreos e relacionais,[1] seja no ambiente formador do psiquismo, no despertar da sexualidade infantil ou nos desenvolvimentos posteriores da vida do sujeito. É também sobre esses pontos que surge minha questão atual: podemos especificar as questões identitárias como uma fonte específica de sofrimento, uma quarta origem, pensada à luz da cultura contemporânea?

No caso de estarmos de acordo com essa proposição, permito-me incluir a sexualidade feminina como um eixo ainda problemático nos dias de hoje, com uma série de tabus derivando daí. E aqui podemos elaborar uma longa lista de questões, como menstruação, gravidez, aborto, infertilidade, menopausa, masturbação, orgasmo... Essas são vivências que atravessam corpo e psiquismo, impondo àquelas que as experimentam um trabalho específico de elaboração.

Sobre esse aspecto, lembro de Marie-Hélène Brousse (2019), que em um belo ensaio denominado "Sangue" articula ideias sobre os fluidos corporais femininos, em especial a menstruação, e o risco de transbordamento, físico e emocional, que costuma ser associado às mulheres. Ao defender que o sangue de homens e mulheres tem origens distintas e mobiliza semblantes diferentes no laço social, aponta para a matéria viva que compõe corpo e psiquismo; um sangue que remete à vida no que escapa às categorias de imaginário, simbólico e

---

1 Interessante que esse artigo tenha sido escrito por volta de abril de 2024, portanto, antes dos eventos climáticos que assolaram o estado do Rio Grande do Sul, onde resido. Tivesse eu escrito após as enchentes de maio, não poderia menosprezar a terceira fonte, a impotência do homem diante das forças da natureza, e os derivativos que essa relação produz. Por fugir ao escopo deste texto, limito-me a fazer esse pequeno adendo, sem adentrar no tema, mas pontuando-o.

real, propostas por Lacan; um acontecimento do corpo que possuem aquelas que são ditas mulheres.

Nesse ponto, somos levados a Freud e aos "Três ensaios sobre a teoria da sexualidade" (1905/1996d), texto no qual se dedica a lançar luz sobre as bases da sexualidade, ou seja, suas origens infantis, marcadas por um corpo que precisa de ajuda para sobreviver e que sobrevive ao mesmo tempo que vai se erogeneizando. Nesse sentido, podemos afirmar que as passagens orgânicas estão longe de serem desprezíveis e adquirem muito sentido para aquelas que nascem em um corpo de mulher.

Alguns anos antes, em um artigo no qual se dedica a esmiuçar os desdobramentos da sexualidade por sobre a vida humana, Freud (1898/1996c) afirma que o analista deve interrogar, sem rodeios ou puritanismo, seus pacientes acerca da vida sexual. Sabemos que, ao longo da obra, Freud se empenha em desvencilhar sexualidade de genitalidade, mas percebe-se que nesse ponto, inclusive quando sustenta a necessidade de o analista insistir para receber um depoimento verdadeiro, está interessado em saber mais sobre o exercício do sexo, e não somente à sexualidade em um sentido mais amplo.

De certa forma, somos levados a crer que essa não seja uma postura datada, sendo muito antes endossada por psicanalistas como Diana Tabacof (2023) que, amparada nos estudos sobre a psicossomática, considera relevante questionar, ainda nas entrevistas iniciais, informações sobre as primeiras experiências sexuais do sujeito, seu primeiro beijo, a perda da virgindade, a primeira menstruação, a entrada na menopausa. São inaugurações importantes, com marcas que podem levar a pistas relevantes na compreensão do caso e na fundamentação das intervenções.

O tema da menstruação pode ser situado como bastante importante nos primórdios das formulações freudianas, atravessando grande parte da correspondência com Wilhelm Fliess, dado o fato de que este último, otorrinolaringologista, creditava ao ciclo menstrual a origem de uma ritmicidade que estaria presente em muitas das questões orgânicas. Em última instância, esses períodos também teriam ligação com a disposição bissexual dos humanos, com destaque para o funcionamento cíclico atribuído ao feminino.

Tais ideias influenciaram Freud que, embora de forma diferente, também destacou atenção para as especificidades do corpo feminino em diversos momentos de sua obra, em especial nos "Estudos sobre a histeria" (1893/1996a). Em uma longa nota de rodapé do caso Miss Lucy R., a governanta que sentia cheiro de pudim queimado, Freud se detém sobre o caso de uma mulher de 38 anos que sofria de uma neurose de angústia para a qual procurava as causas na juventude – enquanto o analista garantia que seus efeitos eram devidos ao casamento. Em uma retrospectiva de sua história, retroagiu aos 17 anos, momento no qual teve a primeira crise de tontura e desmaio na rua, fato que se repetiu outras vezes e tinha relação com a sintomatologia atual. Ao investigar, Freud descobre que a única menstruação da moça naquele ano ocorrera na véspera de seu primeiro baile, estando esse fato no mecanismo de seu ataque histérico.

A menstruação é mesmo um acontecimento de tamanha importância que sua primeira ocorrência tem até um nome, menarca. Tal evento tem a responsabilidade da anunciação de um organismo fértil, apto para a reprodução, e também dos desejos que habitam esse corpo. Desde que uma mulher menstrua, muitas são as questões que podem lhe visitar, tanto no terreno dos aborrecimentos, como cólicas, alterações de humor por conta dos hormônios, incômodos quanto ao fluxo e formas de contê-lo, até questões de ordem mais simbólica, como o temor de uma gravidez não planejada ou, seu oposto, o desejo de confirmar a potência do corpo e a possibilidade de engendrar uma vida.

Marie Langer (1983) assinala que as reações divergentes em relação à primeira menstruação estão de acordo com suas passagens edípicas e a consequente revivência destas na puberdade. Assim, encontramos aquelas para quem, apesar de sentimentos de estranheza e ansiedade, a menarca é uma ocorrência feliz, inscrita como manifestação de maturidade e promessa de futura maternidade, e aquelas que a tomam como um acontecimento sinistro, com efeitos traumáticos. No primeiro caso, encontramos vinhetas clínicas que apontam para sentimentos de dádiva, acompanhados de uma espécie de sensação de triunfo e até gratidão. No segundo, são referidas dificuldade no abandono da posição infantil e certa inconformidade com a constatação de que, de fato, se é uma mulher – ao menos biologicamente falando.

Em "Totem e tabu" (1913/1996f), Freud dedica algumas palavras quanto ao tabu do sangue feminino, apresentando casos de organizações culturais nas quais as mulheres são consideradas impuras enquanto no período menstrual, com toda a sorte de evitações advindas daí. Na cultura popular, é comum ainda hoje escutar advertências quanto a lavar o cabelo quando se está menstruada ou ter relações sexuais no mesmo período, por exemplo. Tais recomendações costumam se estender também ao período do pós-parto, embora os temas relacionados à maternidade pareçam estar ganhando mais espaço nas produções científicas e culturais nos últimos anos. Sobre isso, ilustro com a fala de uma analisanda:

> TÃO IMPORTANTE quando falar sobre maternidade é falar sobre des-maternidade, a incapacidade definitiva de gerar uma vida dali pra frente, ao mesmo tempo que se torna desimportante para os filhos que já estão crescendo. Você se vê sem capacidade de gerar uma vida, e nem gostaria de começar tudo de novo, mas sente que dali para frente só haverá perdas. E apesar disso, não me sinto velha. Me sinto em um limbo.

Aos 52 anos, essa mulher refere a perda de um lugar para o qual havia se dedicado incansavelmente, a maternidade. Na busca de uma análise para elaborar os efeitos de sua menopausa recente, passa a manifestar sua dor em relação ao fato de não ser mais uma figura central na vida das filhas, ao mesmo tempo que se sente viva o suficiente para não abrir mão de sua posição desejante. Nesse aspecto, Langer (1983) faz uma menção à *idade crítica*, como era chamada a fase de encerramento das atividades reprodutivas algumas décadas atrás, chamando atenção para as mudanças sociais ocorridas nas últimas décadas, e sustentando que uma mulher que tenha gozado da vida e do sexo até a chegada no climatério não teria motivos para temer de forma tão sombria tal período.

De alguma forma, o discurso da analisanda encontra eco no texto "Sobre psicanálise 'selvagem'" (Freud, 1910/201, p. 81), do qual se destaca a seguinte exposição:

> *há alguns dias, apareceu no meu consultório ... uma senhora mais velha que se queixava de estados de angústia. Com seus quarenta e tantos anos, bastante bem conservada, mas, ao que parecia, não havia ainda fechado o ciclo de sua feminilidade.*

Quando Freud estabelece o recorte de uma mulher que ainda não se despediu de suas funções reprodutivas, está reforçando a importância da função sexual e dos imperativos da pulsão em uma mulher acima dos quarenta anos – uma idade que, para a época, seria considerada velha. Tal passagem leva a pensar nas flutuações encontradas na atualidade, com relatos de meninas menstruando cada vez mais cedo, por volta dos dez anos de idade, e de mulheres gestando cada vez mais tarde, não sendo incomum que a primeira gestação aconteça após os 35 anos.

Pois aqui chegamos ao ponto de interrogar acerca de tais derivações quando a vida reprodutiva se encerrou. Com isso, vamos nos adentrando no terreno da menopausa, esse período tão singular na vida de uma mulher, que se entrelaça com registros da passagem do tempo e de um corpo que certamente não está disfuncional, mas que enfrenta alterações importantes.

Sobre menopausa e envelhecimento

Dia desses me deparei com uma publicação de uma escritora que acompanho em um grande periódico, que tratava sobre o tema de forma bem-humorada, ainda que o tom fosse de denúncia. Ao retratar a própria experiência com os primeiros fogachos,[2] Giovana Madalosso (2024) faz reparar que, até a geração passada, esse assunto era tão tabu que sequer era comentado, mesmo entre círculos mais íntimos, associando esse comportamento menos aos mistérios que costumam envolver o feminino e mais à preocupação com o envelhecimento, tão presente em nossa cultura. Como saída, propõe que, mais do que falarmos sobre as ocorrências do corpo, tratemos como imperativo tudo que se proponha a "trazer alívio ao incômodo constante de ser mulher em um mundo feito para eles".

Esse recorte aponta para as muitas camadas que envolvem o tema da menopausa: uma cultura pautada em ideais de juventude e produtividade, que tolera mal a passagem do tempo, oferecendo toda sorte de procedimentos que evitem a constatação da realidade do envelhecimento; uma sociedade erigida em constructos patriarcais, que estipula a maternidade como grande realização na vida da mulher; nosso próprio desconhecimento, enquanto comunidade psicanalítica, de questões hormonais e seus impactos nos corpos femininos. Evidentemente, tal período se inscreverá de maneira distinta para cada uma que o experimentar e, conquanto seja tão impossível quanto

2 Forma popular para se referir à sensação de calor repentina que acomete as mulheres nesse período. As ondas de calor costumam aparecer predominantemente na região da cabeça, pescoço e tórax, sendo causadas pela dilatação abrupta dos vasos sanguíneos. Atingem cerca de 75% das mulheres no climatério.

indesejável apresentar a menopausa sob o prisma da universalidade, propomos pensar em uma rede de significantes comuns que ajude a pensar o fenômeno para além de uma padronização.

Comecemos pelos sinais e sintomas que envolvem esse período denominado climatério, uma janela temporal que engloba a transição fisiológica do ciclo reprodutivo para o não reprodutivo da mulher. Dentro da multiplicidade de manifestações, as mais comumente relatadas são fadiga, cefaleia, suores noturnos, palpitações, ganho de peso, diminuição da libido, secura vaginal e desconforto na relação sexual com penetração. No campo das manifestações emocionais, são frequentes as mudanças de humor, incluindo irritabilidade, ansiedade, insônia, conforme elenca Silva, Lopes e Quirino (2003). Sob o prisma psicanalítico, haveríamos de incluir os direcionamentos pulsionais dessa fase, impelidos por uma necessidade de reordenamento.

Lidar com as alterações de um corpo que até então funcionava de uma maneira mais ou menos organizada (seguindo os padrões singulares de cada sujeito) é, indubitavelmente, uma tarefa extra que se apresenta para mulheres às voltas com as primeiras notícias de que o climatério se aproxima. Tanto isso é verdade que quando me pus a pedir a colegas um auxílio na confecção deste capítulo, solicitando sugestões de bibliografia, recebi diversas mensagens com um teor muito semelhante a esse: "Não me ocorre nenhuma leitura sobre o tema, mas posso dar a você um depoimento pessoal, e é uma fase bastante dura.".

Os retornos de colegas com idade um pouco mais avançada que a minha me encorajaram a seguir na direção dessa escrita, reforçando a ideia de que esse tabu precisava ser desvelado, uma vez que persiste, mesmo entre uma comunidade supostamente mais aberta, letrada e analisada como é o meio psicanalítico. E com isso lembrei de Freud (1917/1996g) e sua feliz expressão sobre o *trabalho de luto*, esse movimento necessário de recolhimento e posterior reinvestimento pulsional que se impõe não somente no caso da morte de um ente querido ou do fracasso de um ideal, mas também diante de tantas perdas vida afora – o que seria aplicável para mulheres que vivem o fim de uma era.

A literatura psicanalítica apresenta alguns trabalhos nesse sentido, como uma descrição oriunda da clínica de Teresa Haudenschild (2016), que compartilha fragmentos da análise de uma mulher de 55 anos que se encontra às voltas com o fim de seu ciclo reprodutivo. Casada, mãe de quatro filhos adultos e já avó, a analisanda compartilha sonhos claramente elaborativos dessa etapa de vida, em que aparecem elementos dividindo um antes e depois, marcando a passagem do tempo. Em um primeiro momento, um casal de noivos que vai envelhecendo ao longo da cena onírica, crianças muito vivas e saltitantes, a própria paciente cuidado de seus filhos bebês; após, uma música que vai se transformando de alegre em lúgubre e uma mulher em visita a um país estrangeiro, no qual se recomenda mostrar pouco o corpo. São recortes que exteriorizam o processo de luto por um corpo não mais fértil e em processo de envelhecimento.

Diana Tabacof (2021) também aborda a questão do luto pelo corpo não mais jovem e discorre sobre os impactos da passagem do tempo para uma mulher de 70 anos, acometida por um problema dermatológico que se apresenta no rosto e é resistente aos tratamentos. Em suas palavras, a analisanda afirma: *virei um monstro*, e a ambiguidade da informação deixa para o leitor a dúvida sobre a que ela está referindo: ao problema de pele ou ao avanço da idade (ou a um entrelaçamento entre ambos?). Com o andamento do relato, a "fase das rugas" aparece sem possibilidade de ser refutada, obrigando o psiquismo a um reajuste identitário. Tal tarefa é sentida como uma ferida e requer um árduo trabalho analítico de assimilação da finitude, sintetizado pela autora na seguinte formulação: "o tempo precisou tomar um corpo".

Sobre essa questão, Bianchi (1993) salienta que a identidade do sujeito humano nunca é um dado definitivo, mas sim o produto momentâneo de um trabalho psíquico ininterrupto, sendo o tempo uma dimensão fundamental do campo no qual a vida psíquica se desdobra. Envelhecer não consiste em seguir um caminho já traçado, mas em construí-lo. Além disso, esse fato não pode ser pensado como um problema de uma fase específica, mas uma questão da vida, a saber: a busca contínua de novas vias para a expressão das exigências do desejo.

No que se refere a esse aspecto da condição desejante, torna-se necessário marcar uma discordância em relação a Freud (1895/1996b, 1912/1996e), que apontava para um acréscimo de libido nos períodos da menopausa, de forma análoga aos processos da puberdade. Aliás, mais do que sinalizar alguma anacronia no texto freudiano, é digno de nota o quanto os padrões de envelhecimento e a relação das mulheres com o corpo e com a maternidade têm se modificado com o passar dos anos, de tal forma que ler alguns textos psicanalíticos de décadas passadas se torna uma experiência curiosa, estranha e até complexa. Isso nem de longe invalida as pesquisas daqueles que vieram antes, pois indubitavelmente existe ainda muita atualidade em grande parte das formulações que encontramos. Todavia, é fundamental que possamos usar aportes contemporâneos, no intuito de contemplar as mudanças culturais recentes que produzem efeitos importantes sobre a subjetividade.

Uma das autoras que tem produzido acerca dessa temática é a argentina Leticia Fiorini (2020), que problematiza o envelhecimento feminino a partir da perda de ideais e aponta para a íntima conexão existente entre beleza e corpo como elementos que suscitam o desejo alheio, representados pelo valor da imagem, atrelado a signos como vestimenta, maquiagem, aparência. Nesse ponto, um corpo que entra em declínio poderia ser sentido como estranho, não desejável nem para o outro nem para o próprio sujeito.

Do ponto de vista da experiência, podemos conceber que exista uma pressão extra e para a qual não existe um repertório prévio, no que tange ao climatério e suas manifestações. Ana Furtado (2001), uma psicanalista que se ocupa de pensar o lugar do corpo na constituição subjetiva, defende a ideia de que a menopausa seja um período importante justamente por marcar o fim de um ciclo, uma apresentação da castração total em relação à possibilidade da maternidade e, nesse sentido, um acontecimento que se passa também no terreno da sensorialidade. Ao tomar o corpo como lugar de memórias, a autora refere-se também às primeiras interações entre mãe e bebê como fundamentais para a formação daquilo que virá a se tornar um eu coeso, com senso de identidade. Assim, compreender esse acréscimo de trabalho ao psiquismo advindo da menopausa significa revisitar toda uma história libidinal.

De certa forma, tais ideias encontram similaridades com as propostas de Hélène Deutsch (1977), de que a vivência da mulher com o climatério teria grandes doses de repetição em relação a suas experiências com a menarca, tendo a conflitiva edípica como matriz. Para fins de comparação, se a menina púbere precisa reprimir seus desejos direcionados ao pai, a mulher na menopausa deve fazer esse exercício de recolhimento em relação ao filho,[3] o que assinala não somente a dimensão incestuosa do Édipo, mas também suas diferenças geracionais.

Laznik (2003) também adentra por esse caminho, apresentando situações que considera comuns, em que a mulher menopáusica perde o desejo pelo parceiro com o qual tinha uma vida sexual satisfatória até então, interpretando esse acontecimento como um gesto de renunciar à sexualidade para poder seguir como companhia de seus filhos.[4] Tal configuração é denominada por ela de complexo de Jocasta, uma representação figurativa para o inaudível do tabu do incesto entre mãe e filho.

---

3 Filho, aqui, refere-se ao rebento do gênero masculino.

4 O mesmo assinalamento válido para as formulações de Deutsch (1977), conforme a nota anterior.

Assim, se o pai já não se sustenta como objeto de amor e o filho não pode mais figurar como substituto fálico, acontece uma reaproximação com a mãe da fantasia. Laznik (2003) sustenta que o fantasma de Jocasta, silencioso, ronda as salas de análise daqueles que trabalham com mulheres nessa faixa etária da qual temos nos ocupado, tornando esse momento importante em termos de despersonalização e da consequente necessidade de reconstrução identitária.

Existe, portanto, certa unanimidade quanto à ideia de que, chegada a menopausa, as bases da construção da feminilidade acabam por ser revistas e novos investimentos são forçosamente solicitados. Entretanto, todas as construções teóricas que pude acompanhar sobre esse tema estabelecem uma ligação íntima em relação à maternidade como peça importante para os desdobramentos posteriores. Uma dúvida, então, pede passagem: diante da menopausa, a reação de mulheres que tiveram filhos seria diferente daquelas que não os tiveram? Sob o aspecto pulsional, da economia libidinal, seríamos levados a pensar que se trataria de processos distintos?

Sabemos que um dos efeitos da maternidade é o incremento de uma fantasia de imortalidade, com os filhos representando a possibilidade de continuidade de uma trajetória, de um sobrenome, de um legado. Em casos nos quais essa vivência não tenha sido experimentada, outros recursos devem sobrevir, lembrando ainda que a realidade de mulheres que optam voluntariamente pelo não exercício da maternidade ainda é bastante recente. Em décadas anteriores, toda vez que uma mulher não alçasse o lugar de mãe, ficava subentendida alguma dificuldade de ordem fisiológica no casal. No retrato da sociedade contemporânea, isso vem se transformando, ainda que aos poucos e circunscrito a uma realidade de classe média e alta (Lima, 2024).

Ao longo da confecção deste escrito, mexi e remexi minhas memórias acerca desse tema. Não que tivesse como intento publicar um inventário de experiências de pessoas próximas diante do climatério, mas desejava me aproximar o mais possível do tema e abordá-lo de maneira sensível. Foi elaborando essa antologia privada que recordei de um material de muito tempo atrás, vindo de uma supervisionanda que já passava dos 60 anos. Emocionada, ela me contava que, após uma supervisão na qual tratamos de temas relacionados à sua identidade profissional e uma passagem do lugar (conhecido) de psicoterapeuta, ocupado já há muitos anos, para o lugar (almejado) de psicanalista, fabricara o seguinte um sonho: ia ao banheiro e se descobria menstruada, um fato que lhe traz uma sensação de alegria juvenil. A produção onírica dispensa interpretações, deixando bastante claro o lugar que o sangue menstrual ocupa na rede de significantes dessa colega – e na cultura. Sangue, esse fluido encarnado, que remete à vida e à morte, e que figura no sonho como esperança, criação, projetos.

Ao chegar no fim deste capítulo, lembro das ideias de Marie Langer (1983), situadas ainda no século passado, mas com validação bastante atual: "A sociedade muda muito rapidamente neste nosso século, tão decisivo. E nós mesmos também mudamos". Amparada nessas singelas e sábias palavras, deixo registrado meu desejo de que, ao menos em parte, meu escrito torne-se logo datado, e que a menopausa não mais seja um tabu cultural, tornando-se uma fase com inúmeras possibilidades criativas, como todas as que nos toca viver.

Referências

Barrera, J. (2023). *Linea nigra*. Moinho.

Bianchi, H. (1993). *O eu e o tempo: psicanálise do tempo e do envelhecimento*. Casa do Psicólogo.

Brousse, M-H. (2019). *Mulheres e discursos*. Contracapa.

Calvino, I. (2007). *Por que ler os clássicos*. Companhia das Letras.

Degani, R., Heissler, S. Z., Lima, J. L., Seben, G., & Camargo, M. P. (Orgs.). (2020). *A analista grávida*. Artes e Ecos.

Deutsch, H. (1977). *La psicologia de la mujer*. Losada.

Fiorini, L. G. (2020). *Lo femenino y el pensamiento complejo: subjetividades em transición*. Lugar Editorial.

Freud, S. (1996a). Estudos sobre a histeria. In *Edição standard brasileira das obras psicológicas completas de Sigmund Freud* (Vol. 2). Imago. (Trabalho original publicado em 1893).

Freud, S. (1996b). Sobre os fundamentos para destacar da neurastenia uma síndrome específica denominada "neurose de angústia". In: *Edição standard brasileira das obras psicológicas completas de Sigmund Freud* (Vol. 3). Imago. (Trabalho original publicado em 1895).

Freud, S. (1996c). A sexualidade na etiologia das neuroses. In *Edição standard brasileira das obras psicológicas completas de Sigmund Freud* (Vol. 3). Imago. (Trabalho original publicado em 1898).

Freud, S. (1996d). Três ensaios sobre a teoria da sexualidade. In *Edição standard brasileira das obras psicológicas completas de Sigmund Freud* (Vol. 7). Imago. (Trabalho original publicado em 1905).

Freud, S. (1996e). Tipo de desencadeamento da neurose. In *Edição standard brasileira das obras psicológicas completas de Sigmund Freud* (Vol. 12). Imago. (Trabalho original publicado em 1912).

Freud, S. (1996f). Totem e tabu: alguns pontos de concordância entre a vida mental dos selvagens e dos neuróticos. In *Edição standard brasileira das obras psicológicas completas de Sigmund Freud* (Vol. 13). Imago. (Trabalho original publicado em 1913).

Freud, S. (1996g). Luto e melancolia. In *Edição standard brasileira das obras psicológicas completas de Sigmund Freud* (Vol. 15). Imago. (Trabalho original publicado em 1917).

Freud, S. (2017). Sobre psicanálise "selvagem". In *Fundamentos da clínica psicanalítica. Obras incompletas de Sigmund Freud*. Autêntica. (Trabalho original publicado em 1910).

Freud, S. (2020). O mal-estar na cultura. In *Obras incompletas de Sigmund Freud*. Autêntica. (Trabalho original publicado em 1930).

Furtado, A. M. (2001). Um corpo que pede sentido: um estudo psicanalítico sobre mulheres na menopausa. *Revista Latinoamericana de Psicopatologia Fundamental, IV*(3), 27-37.

Haudenschild, T. R. (2016). Sonhos de luto na menopausa. In Febrapsi, *Revista Brasileira de Psicanálise*, 50(4).

Langer, M. (1983). *Maternidade e sexo*. Artes Médicas.

Laznik, M. C. (2003). *O complexo de Jocasta*. Companhia de Freud.

Lima, J. L. (2022). *Tempos maternos: reflexões de corpo e alma*. Artes e Ecos.

Lima, J. L. (2024). *Transmissões do feminino*. Artes e Ecos.

Madalosso, G. (2024, 25 fev.). Fogacho ou aquecimento climático? *Folha de São Paulo*.

Silva, S. C., Lopes, M. E. L., & Quirino, M. A. B. (2003). *Pós-menopausa: vivendo um novo tempo*. Editora Universitária.

Tabacof, D. (2021). *Clínica da excitação: psicossomática e traumatismo*. Blucher.

Tabacof, D. (2023). *Comunicação oral*. Sociedade Brasileira de Psicanálise de Porto Alegre.

GRÁFICA PAYM
Tel. [11] 4392-3344
aym@graficapaym.com.br